AF234244

# DIVISIONS DU CATALOGUE

# AVERTISSEMENT

Ce troisième catalogue contient les *Conventionnels*, la série de prédilection de la collection d'Etienne Charavay, qui ne reculait devant aucun sacrifice pour l'accroître et l'enrichir. Toutes les pièces sont choisies avec soin ; lorsque l'intérêt est nul, c'est que, généralement, on ne pouvait trouver mieux. Aussi, jamais, peut-être, n'a t'on vu sur la Convention un ensemble aussi complet.

Les autographes précieux ou rares abondent et tous les noms fameux de la Convention sont représentés. Nous nous bornons à citer les principaux : BARBAROUX, BARÈRE, BARRAS, BASIRE, BILLAUD-VARENNE, BRISSOT, BUZOT, CAMBACÉRÈS, CARRIER, COLLOT D'HERBOIS, CONDORCET, COUTHON, DANTON, J.-L. DAVID, C. DESMOULINS, FABRE D'EGLANTINE, FÉRAUD, FOUCHÉ, FRÉRON, GENSONNÉ, GRANGENEUVE, GUADET, JEANBON SAINT-ANDRÉ, LAKANAL, LE BAS, LE BON, LE PELETIER SAINT-FARGEAU, MANUEL, MARAT, LES DEUX MERLIN, PÉTION, LES DEUX PRIEUR, RABAUT SAINT-ETIENNE, LES DEUX ROBESPIERRE, SAINT-JUST, ROMME, SERGENT, SIÉYES, TALLIEN, VADIER, et des noms rares comme BOYER-FONFRÉDE, CASABIANCA, ANARCHARSIS CLOOTS, GARDIEN, JAVOGUES, LASOURCE, MAURE, THOMAS PAINE, PHILIPPEAUX, RÜHL, SALLE, SILLERY, VALAZÉ. Il faut signaler particulièrement les dossiers où Carnot apparaît successivement comme conventionnel, directeur, ministre de la guerre, gouverneur d'Anvers et ministre des Cent-Jours. Etienne Charavay avait réuni tous ces documents pour les utiliser dans sa remarquable *Correspondance de Carnot*, arrêtée au tome III. Il est à souhaiter que ce remarquable ensemble soit conservé et non pas divisé. Nous pensons que, pour la mémoire de Carnot, il se trouvera un établissement public ou un particulier pour prendre sous sa protection l'œuvre élaborée lentement par Etienne Charavay.

En classant les autographes compris dans la série conventionnelle on a eu pour but de faire ressortir le résultat obtenu par le collectionneur.

Beaucoup de noms obscurs pourraient né pas mériter l'honneur d'être catalogués séparément, mais ils sont si rares qu'il a paru convenable de les mettre en lumière dans un catalogue spécial. Une autre considération nous a guidé. La découverte d'un autographe d'un conventionnel ignoré mettait Etienne Charavay dans la joie et on aurait méconnu la pensée qui le guidait dans la formation de sa collection, si on avait placé dans un dossier collectif, tel nom rare, mais obscur, dont la trouvaille lui avait causé un plaisir infini, que les curieux ressentent lorsque, après de longues recherches, ils mettent enfin la main sur la pièce qui complète une série.

Plus de cent reproductions de signatures sont réparties dans la première partie de ce catalogue. Le choix des reproductions a été fait dans le but de faciliter les identifications de signatures des conventionnels de même nom. Cette série n'est pas complète, mais nous n'avions pas la possibilité d'établir une isographie spéciale et nous avions l'obligation de nous servir des éléments à notre disposition ; nous espérons cependant que ces reproductions seront de quelque utilité pour les amateurs et pour nos confrères.

En dehors des grands noms et des raretés, il existait des pièces intéressantes que des considérations diverses nous ont forcé d'enfouir dans des dossiers collectifs. Il y a, dans ces dossiers, des pièces d'un vif intérêt, qui méritaient un meilleur sort. C'est aux amateurs d'aller les y découvrir ; toute facilité leur en est donnée puisque les lots peuvent être divisés à leur gré.

Les liasses de pièces sur les Comités de la Convention forment un ensemble intéressant, capable de tenter un établissement public. Il en est de même des deux dossiers sur les Conseils des Anciens et des Cinq-Cents.

Quelques pièces, parmi lesquelles il s'en trouve de précieuses, nous sont arrivées après la première vente. Elles nous ont mis dans l'obligation de former une seconde série de *Personnages divers de l'époque révolutionnaire*. Il est regrettable que les pièces contenues dans cette seconde série ne se trouvent pas fondues avec celles de la première : elles eussent complété le tableau.

Parmi ces pièces on remarque des noms tels que ceux de : Beaumarchais, André Chénier, Gossec, Favras, Le Brun *Pindare*, Madame Roland, les parents de Robespierre, Rouget de Lisle, Madame de Stael, Talma, et des documents sur Chaumette, Choderlos de Laclos, Charlotte Corday, Jourgniac de Saint-Méard, La Harpe et Madame Roland.

Les séries des ministres, diplomates, évêques constitutionnels, etc., sont plutôt indiquées que remplies ; mais c'était un cadre que, peu à peu, Etienne Charavay aurait complété. Le classement qu'il avait ébauché tentera peut-être un amateur. C'est pourquoi, malgré le peu de valeur vénale de certaines séries, on a cru devoir les maintenir telles quelles pour donner, sous le nom d'Etienne Charavay, un plan rationnel pour une collection d'autographes.

# CATALOGUE
# D'AUTOGRAPHES

## CONVENTION NATIONALE
### (20 SEPTEMBRE 1792 — 26 OCTOBRE 1795)

**585.** AMAR (André), député de l'Isère, membre du Comité de sûreté générale, n. 1755, m. 1816.

1º L. a. s.; 3 septembre 1794, 1 p. in-4. — 2º L. aut. à son frère ; Paris, 30 mai 1812, 2 p. in-4. Incomplète de la fin.

Très curieuse épître où il annonce la mort de sa femme, arrivée le 22 avril, à 8 heures du soir. Il exprime sa douleur et raconte les derniers moments de celle qu'il a perdu. « J'ai perdu l'amie la plus zélée, la plus chère à mon cœur, ma consolation, mon apui, l'espoir de ma vie entière. Dieu prendra pitié de ma douleur profonde ; il me pardonnera mes gémissements, mes larmes. Lui seul peut me consoler, puisque c'est lui qui me frappe, et que de toutes les adversités que j'ai subies, c'est la plus douloureuse qu'il m'a réservée... »

**586.** ANDREI (Antoine-François), député de la Corse, n. 1733, m. 1815.

Apostille aut. sig. de 5 lignes ; Paris, 1er ventôse an III (19 février 1795), 1 p. in-folio. *Rare*.

**587.** ANTHOINE (François-Paul-Nicolas), député de la Moselle, n. à Boulay (Moselle), 1720, m. 1793.

L. a. s. à CAMILLE DESMOULINS ; Paris, 17 janvier 1792, 1/2 p. in-4.

Il le prie de remettre 500 exemplaire du nº 82 des *Révolution de France et de Brabant*. « Je les répandrai dans Metz pour l'édification du public et la plus grande gloire du héros du Champ-de-Mars. »

**588.** ARMONVILLE (Jean-Baptiste), cardeur de laine, député de la Marne, le seul ouvrier parmi les députés à la Convention, n. à Reims, 1756, m. 1808.

P. s., signée aussi par CHABANON et HUGUET ; Paris, 1er germinal an II, 1 p. in-4 oblong. *Rare*.

Bon à payer pour le traitement de ventôse des huissiers de la Convention.

**589.** ASSELIN (Eustache-Benoit), député de la Somme, n. à Nesle (Somme), 1762, m. 1793.

P. s., signée aussi par un nommé Esmenard, 1 p. 1/2 in-folio.

Asselin et Esmenard, tous deux ayant des fils officiers dans le 72ᵉ régiment d'infanterie, protestent contre leur destitution, à cause que leur nomination avait été faite par le roi.

**590.** AUDREIN (Yves-Marie), député du Morbihan, évêque constitutionnel de Quimper, n. 1741, assassiné par les Chouans en 1800.

L. a. s. au cit. Bouteau; Quimper, 5ᵉ jour complémentaire, 1 p. in-4. (*Coll. A. Sensier.*)

Envoi d'une brochure pour défendre cinq prêtres patriotes. Demande de l'appui du gouvernement. « Le fait est que par l'influence religieuse, je peux, plus que personne, ramener le peuple des campagnes, mais alors je soulève contre moi toute la horde royaliste et il ne s'agit que de m'atteindre d'un coup de fusil. »

**591.** BALLA (Joseph-François), député du Gard, n. à Vallerangue (Gard), 1737, m. 1806.

L. s.; Le Vigan, 13 germinal an IX (3 avril 1801), 1 p. in-8. *Rare.*

**592.** BARBAROUX (Charles-Jean-Marie), député des Bouches-du-Rhône, un des principaux girondins, n. à Marseille, 1767, décapité à Bordeaux le 25 juin 1794.

L. a. s. à la CONVENTION; Paris, 3 juin 1793, 1 p. 1/2 in-4. *Très rare.*

PRÉCIEUSE PIÈCE. Après la séance de la veille il s'est constitué lui-même en état d'arrestation à son domicile, en exécution du décret de la Convention. Sans examiner les circonstances dans lesquelles le décret a été rendu, « car il n'entre pas dans mon cœur d'ajouter aux malheurs de la République le malheur plus grand d'un déchirement intérieur. » Il a reçu l'ordre qui lui a été signifié par les administrateurs de la police de Paris et il attend que la loi ait prononcé pour obéir. — (Barbaroux trompa la surveillance de ses gardiens et alla, à Evreux, rejoindre Buzot, puis à Caen.)

**593.** BARBAROUX (Charles-Jean-Marie).

Pièce aut. sig.; Paris, 3 juin 1793, 1 p. in-4.

PRÉCIEUSE PIÈCE écrite au dos d'un mandat des administrateurs au département de police de Paris, ordonnant de mettre un gendarme en faction chez Barbaroux. Ce dernier proteste contre l'initiative de la Commune de Paris. La Convention n'a rien décidé à son égard et il ne peut admettre que la Commune de Paris le place sous la surveillance d'un gendarme, alors que la Convention ne l'a pas ordonné.

**594.** BARÈRE (Bertrand), député des Hautes-Pyrénées, rapporteur du Comité de salut public, n. à Tarbes, 1755, m. 1841.

1º P. s., signée aussi par C.-A PRIEUR et CARNOT, membres

ALBITTE *aîné* (Seine-Inférieure)

ALBITTE *jeune* (Seine-Inférieure)

ANTHOINE (Moselle)

BERNARD (Charente-Inférieure)

BERNARD DES SABLONS (Seine-Marne)

du Comité de salut public ; Paris, 4 floréal an II (23 avril 1794), 1 p. in-folio.

2° L. a., à la 3e personne, à Pougens ; Paris, 30 vendémiaire an XIII (21 octobre 1804), 1 p. in-8.

Il lui propose de rédiger la *Bibliothèque française* pendant son voyage en Allemagne.

3° L. a. s. à Picard ; Paris 26 (janvier) 1808, 1 p. in-4.

Il lui demande ses entrées à l'Opéra.

4° 2 p. s. ; 1805-1825, 5 p. in-4.

Traités avec deux libraires pour la publication : 1° du *Mémorial européen et bulletin historique et littéraire réunis* ; 2° d'une traduction du Tasse.

## 595. BARÈRE (Bertrand).

L. a. s. à M. Pick ; Tarbes, 3 novembre 1839, 1 p. in-4.

Curieuse lettre. « M. B. Barère de Vieuzac, qui a été membre depuis 1789 jusqu'en 1815, de l'Assemblée constituante, de la Convention nationale et de la Chambre des représentants, vit encore, grâce à la Providence. Il est âgé de 85 ans et cet individu qui vit, enfin tranquille et ignoré, aux pieds des Pyrénées, *c'est moi !* »

## 596. BARRAS (Paul, vicomte de), député du Var, qui commanda, au 9 thermidor et au 13 vendémiaire, les troupes destinées à protéger la Convention, directeur, n. 1755, m. 1829.

1° L. a. s. à son collègue Calon ; Paris, 6 floréal an III (25 avril 1795), 1 p. in-folio. Vignette imprimée du Comité de salut public.

Il le prie de faire délivrer des cartes au porteur de sa lettre.

2° L. s. à la commission des armes ; Paris, 24 vendémiaire an IV (15 octobre 1795), 1/2 p. in-4, vignette imprimée.

Belle pièce signée comme général en chef de l'armée de l'Intérieur. Elle est relative au désarmement des sections.

3° L. s. à la même commission ; (sans date), 1 p. in-4.

Il informe les membres de la commission des armes qu'il autorise le général Brune et les adjudants-généraux Gardanne et Leclair à accompagner le représentant Fréron dans sa mission.

## 597. BARTHÉLEMY (Jean-André), député de la Haute-Loire à la Convention, n. 1742, m.

L. a. s. au Directoire ; Paris, 14 prairial an VI, 2 p. 1/2 in-4. Coupure dans une marge enlevant la fin des mots. *Rare.*

Intéressante lettre où il soutient une pétition des dentellières de la Haute-Loire.

**598.** BASIRE (Claude), député de la Côte-d'Or, n. 1764, décapité avec Danton le 5 avril 1794.

1° L. a. s. à Deforgues ; Paris, 2 août 1793, 1 p. in-4. (*Coll. Lucas de Montigny.*)

Belle lettre de recommandation en faveur d'une victime des persécutions du ministre Roland.

**599.** BASIRE (Claude).

L. a. s. ; 30 avril 1792, 1 p. in-8.

Curieuse lettre écrite dans le style du Père Duchesne, émaillé d'obscénités.

**600.** BEFFROY (Louis-Etienne), député de l'Aisne, membre du Conseil des Cinq-Cents, n. à Laon, 1755, m. 1825.

1° L. a. s. au citoyen Jarry ; Paris, 25 septembre 1793, 2 p. in-4.

Curieuse lettre relative au *Cousin Jacques.*

2° L. a. s. aux membres du Comité de salut public ; Chevigny, 8 octobre 1793, 3 p. in-4.

Très intéressante lettre. Les soldats malades ou blessés, envoyés dans les hôpitaux de l'intérieur, emportent leurs armes. Cette mauvaise habitude prive d'armes, les défenseurs valides. Beffroy se plaint vivement des mauvais propos des soldats qui découragent les volontaires de voler aux frontières. Il conseille de ne plus envoyer les blessés se faire soigner chez eux parce que, dans un entourage sympathique, leurs racontars peuvent avoir plus de créance.

3° L. a. s. au commissaire de l'organisation du mouvement des armées de terre ; Paris, 17 brumaire an III (7 novembre 1794), 1 p. 1/2 in-folio. Coupée en deux et raccommodée.

Il fait l'éloge du général Devrigny. La pièce porte en marge une signature de ce général.

4° L. a. s. à Villars, envoyé extraordinaire à Gênes ; Menton, 20 floréal an III (9 mai 1795), 3 p. in-folio.

Il lui demande de s'entendre avec le Sénat de Gênes pour que les voleurs qui se réfugient à Gênes soient remis entre les mains des représentants du gouvernement français.

5° L. a. s. au même ; Marseille, 9 thermidor an III (27 juillet 1795), 2 p. in-4. Vignette imprimée.

6° L. a. s. au même ; Paris, 10 pluviôse an IX (30 janvier 1801), 2 p. in-4.

Intéressante lettre où il fait l'exposé de sa triste situation et demande à Villars de lui faire obtenir une place en rapport avec ses besoins et ses talents.

**601.** BERNARD DES SABLONS (Claude), député de Seine-et-Marne, n. à Moret, 1757, m. 1831.

L. a. s. au citoyen Guermeur ; Paris, 11 frimaire an IV
(1er décembre 1795), 1 p. 1/2 in-4. *Rare.*

602  BEZOUT (Etienne-Louis), député de Seine-et-Marne,
n. à Nemours, 1760, m. 1822.

Apostille aut. signée sur une pétition adressée au Comité
de sûreté générale ; 26 thermidor an III (13 août 1795), 1 p.
in-folio.

603. BILLAUD-VARENNE (Jacques-Nicolas), député de
Paris, membre du grand Comité de salut public, n. à
La Rochelle, 1756, m. 1819.

L. a. s., signée aussi par BROCHET, tous deux en qualité de
commissaires civils du pouvoir exécutif, au général Dillon ;
quartier-général de Grandpré, 13 septembre 1792, 1 p. 1/4
in-4, tête et vignette imprimées.

IMPORTANTE LETTRE. Il le somme d'obéir aux ordres du général en chef
Dumouriez et d'envoyer six escadrons et deux bataillons pour arrêter
l'ennemi dans la trouée qu'il s'est faite la veille.

604. BILLAUD-VARENNE (Jacques-Nicolas).

P. s., signée aussi par BARÈRE, HÉRAULT DE SÉCHELLES,
SAINT-JUST et COLLOT D'HERBOIS ; (Paris), 11 du premier mois
de l'an II (12 octobre 1793), 1 p. in-4. (*Coll. A. Bovet.*)

DOCUMENT HISTORIQUE, écrit par Barère. « Le Comité de Salut public arrête
que les citoyens Dubois-Crancé et Gauthier, représentants du peuple près
de l'armée de la République, maintenant dans Lyon, seront mis en état
d'arrestation et amenés à Paris. » Le 6 octobre, Billaud-Varenne avait accusé
de modérantisme ses collègues Dubois-Crancé et Gauthier, commissaires de
la Convention, à l'armée qui assiégeait Lyon. Le 9, cette ville tomba au
pouvoir des républicains, et, le 12, la Convention ordonna la destruction de
Lyon en même temps qu'elle rappelait les deux commissaires. Quatre jours
plus tard ce décret fut rapporté.

605. BIROTTEAU (Jean-Baptiste), député des Pyrénées-
Orientales, un des membres du parti girondin, décapité à Bordeaux le 24 octobre 1793.

Pièce sig. deux fois, sig. aussi par F. DUPLAIN, CONCEDIEU,
LEHARDI, etc. ; 15 et 16 octobre 1792, 2 p. in-fol.

Procès-verbaux de l'examen des papiers du Comité de surveillance de la
Commune. (C'est Birotteau qui avait provoqué cette mesure.)

606. BLAVIEL (Antoine-Innocent), député du Lot à la Convention, n. 1757, m. 1842.

L. a. s. à Petiet ; Paris, 17 floréal an V (6 mai 1797), 1 p.
in-4. *Rare.*

607. BOILLEAU (Jacques), député de l'Yonne à la Conven-

tion, un des principaux girondins, n. à Avallon (Yonne), 1751, décapité le 31 octobre 1793.

L. a. s. à Palloy ; Paris, 3 juin 1793, 1 p. in-4.

PRÉCIEUSE LETTRE. En lui écrivant pour le remercier du don d'une médaille faite avec du fer provenant de « l'affreuse Bastille », il l'informe qu'il vient d'être mis en arrestation chez lui. « J'étois de la Commission des douze, et quoique je n'aye fait que mon devoir, c'est ainsi que mon patriotisme a été récompensé sans avoir pu être entendu pour ma justification. » (J. Boilleau, compris dans la proscription des Girondins, fut décapité le 31 octobre 1793).

608. BOISSIEU (Pierre-Joseph-Didier), député de l'Isère, n. 1757, m. 1812.

P. s., 27 (vendémiaire an III-18 octobre 1794), 1/2 p. in-folio. *Rare.*

609. BOISSY D'ANGLAS (François-Antoine), député de l'Ardèche, fameux par l'héroïsme qu'il montra pendant la séance du 1er prairial an III, n. 1756, m. 1826.

1° L. s. au citoyen Doumerc ; Paris, 21 frimaire an III (11 décembre 1794), 1 p. in-folio.

Boissy d'Anglas informe Doumerc qu'il vient d'être attaché au Comité du commerce et des approvisionnements.

2° L. a. s. à Gaudin, duc de Gaëte ; Nantes, 4 février (lisez mars), 1814, 3 p. in-folio.

Intéressante lettre écrite en qualité de commissaire extraordinaire dans la 12e division militaire. Il rend compte des mesures qu'il a dû prendre pour assurer les services de la guerre dans la dite division.

610. BONÉT (Joseph-Balthazar), député de la Haute-Loire à la Convention, proscrit avec les girondins, n. 1757, m. 1828.

L. a. s. à son collègue Boisset ; Saint-Etienne, 9 prairial an III (28 mai 1795), 1 p. in-4. *Belle et rare pièce.*

611. BONNIER D'ARCO (Auguste-Elisabeth-Louis-Antoine), député de l'Hérault, plénipotentiaire au congrès de Rastadt, n. 1789, assassiné en 1799.

L. a. s. à Reubell ; Paris, 14 brumaire an IV (4 novembre 1795), 1 p. in-fol.

Il demande à être employé comme secrétaire du Directoire.

612. BORIE (Jean), député de la Corrèze, n. 1756, m.

L. s., signée aussi par JORRAND et DUPIN JEUNE, aux membres du bureau de la comptabilité ; Paris, 19 février 1793, 1/2 p. in-folio. *Rare.*

**613.** BORIE-CAMBERT (Etienne), député de la Dordogne,
n. à Sarlat, 1737, m. 1804.

Apostille aut. sig., 1/2 p. in-4. *Rare.*

**614.** BOURBOTTE (Pierre), député de l'Yonne à la Convention, compromis dans l'insurrection de Prairial, n. à
Vaux (Yonne), 1763, décapité le 16 juin 1795.

1º L. a. s. aux membres du Comité de salut public ; Tours,
22 juillet 1793, 3 p. in-folio.

Intéressante lettre ; il demande son rappel au sein de la Convention, car il
estime avoir donné suffisamment de preuves de son dévouement : « Citoyens
mes collègues, j'ai vu quatre batailles livrées aux rebelles : à la première
mon cheval fut tué sous moi d'un boulet de canon, à la seconde je reçu un
coup de crosse sur la tête par un brigand, à la quatrième, j'ai essuyé la
fusillade d'une cinquantaine de ces rebelles et eu encore mon cheval tué
sous moi ; ces faits suffiront sans doute à opposer, à ceux qui pourroient me
soupçonner de la lâcheté par la demande que je vous fais de me rappeler
dans votre sein. »

2º L. s. de la veuve de BOURBOTTE à BARRAS ; Paris, 21 brumaire an VI (11 novembre 1797), 1 p. in-4.

Elle demande un secours provisoire, en attendant la pension « qu'un
décret bienfaisant accorde aux veuves et aux enfants des représentants
victimés. »

**615.** BOURDON (Léonard), député du Loiret, ardent montagnard, ennemi de Robespierre, n. à Longné (Sarthe),
1758, m. 1816.

1º 2 l. a. s. *de la Crosnière ;* 4 janvier et 14 juin 1789, 1/2 p.
in-4 et 1/2 p. in-12.

2º L. a. s. au président du district de la Chaussée d'Antin ;
Paris, 24 septembre 1789, 2 p. in-4.

Il demande la restitution d'un fusil.

3º P. a. s. ; 18 juillet an IV de la Liberté (1792), 1 p. in-4.

Extrait du procès-verbal de l'assemblée générale de la section des
Gravilliers, du 18 juillet.

4º L. a. s. au Comité de salut public ; 3 germinal, 1 p. in-4.

Il proteste contre la circulation d'un pamphlet intitulé : *Grande arrestation
de Léonard Bourdon qui s'est assassiné lui-même.* « Je suis en état de
rendre compte jour par jour de ma conduite depuis 1789. Je n'ai dans aucun
temps eu des relations particulières avec aucun des prévenus et le genre
d'occupations auquel je me suis consacré avec quelques succès n'est pas la
carrière d'un ambitieux et d'un intriguant. »

**616.** BOURDON *de l'Oise* (François-Louis), député de
l'Oise, n. à Remy (Oise), 1761, m. à Sinnamary, 1798.

1º P. s., signée aussi par GIRAUD et VARDON ; Brest, 7 messidor an III (25 juin 1795), 1 p. in-4.

Demande de la literie nécessaire à leur ameublement.

2º P. s., signée aussi par Reubell, Clauzel et Bentabole, membres du Comité de sûreté générale ; Paris, 22 vendémiaire an IV (13 octobre 1795), 1 p. in-folio, tête et vignette imprimées, cachet collé.

Ordre de mise en liberté de plusieurs brestois.

617. BOŸAVAL (Laurent), député du Nord, n. à Prixhes (Nord), 1736, m.

L. s., signée aussi par F.-M. Derenty, H. Cochet, Dupire et Dunot, représentants du peuple nommés par le département du Nord ; Paris, 24 brumaire an VI, 1 p. in-4.

618. BOYER-FONFRÈDE (Jean-Baptiste), député de la Gironde, un des plus célèbres girondins, n. à Bordeaux, 1766, décapité le 31 octobre 1793.

P. s., signée aussi par Crozilhac, tous deux députés extraordinaires de la commune de Bordeaux, 6 p. in-fol. *Rare.*

C'est une adresse de la municipalité de Bordeaux à l'Assemblée nationale, relativement aux prétentions de la Commune sur les terrains de Château-Trompette, présentée par Boyer-Fonfrède et Crozilhac.

619. BRISSOT DE WARVILLE (Jean-Pierre), député d'Eure-et-Loir, n. 1754, décapité le 31 octobre 1793.

1º L. a. s. (à Pache ?) ; vendredi, 1er janvier (1793), 1/2 p. in-4.

Le comité de défense générale l'invite à se rendre à la séance du soir pour conférer sur l'état de Longwy, qui est menacé.

2º L. aut. à sa mère ; Paris, 1er juillet, 2 p. gr. in-8.

620. BUZOT (François-Nicolas-Léonard), député du bailliage d'Evreux aux Etats-Généraux et de l'Eure à la Convention, n. à Evreux, 1760, m. à Saint-Magne (Gironde), le 25 juin 1794.

L. a. s. à son collègue Vallée ; 1er juin 1794, 1 p. in-4. *Très rare. (Coll. A. Bovet).*

Précieuse lettre où il lui fait ses adieux. Buzot prévoit que ses derniers moments sont proches car il était traqué ainsi que ses amis Guadet, Pétion et Barbaroux. Il recommande à Vallée, qui était en fuite aussi, de prendre soin de sa femme. « Dans quel azile passez-vous vos tristes jours loin de votre respectable famille ! que Dieu vous conserve pour elle ! mon ami, si vous me survivez, ne m'oubliez jamais. Vous savez mieux que personne si je méritai l'estime et l'amour des gens de bien ! » En terminant il lui lègue ses manuscrits ou, à son défaut, à une personne, non nommée, mais que cette marque de confiance devait désigner clairement à Vallée.

621. BUZOT (François-Nicolas-Léonard).

P. a. s. ; Evreux, 25 août 1792, 1 p. 1/2 in-fol., cachet.

Ordonnance de Buzot, président du tribunal criminel du département de

BERNARD (Aveyron)

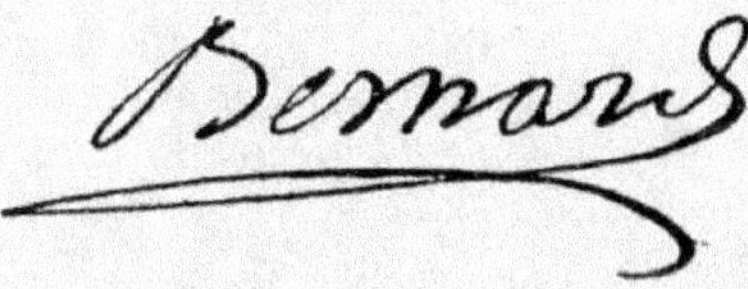

BERTRAND (Orne)

BONÉT (Haute-Loire)

BONNET (Calvados)

BONNÉT (Aude)

l'Eure, contre vingt-trois particuliers accusés du meurtre commis sur la personne de Louis Cousin, garde-général de la forêt de Brotonne.

**622.** CAMBACÉRÈS (Jean-Jacques-Régis), député de l'Hérault, 2e consul en remplacement de Siéyes, archi-chancelier de l'Empire, duc de Parme, n. à Montpellier, 1753, m. 1824.

1o L. s. à M. de Joubert ; Montpellier, 4 février 1791, 1 p. in-4.

Lettre relative au paiement des dépenses des fédérés.

2o L. s., comme procureur-syndic, à M. d'Albignac ; Montpellier, 14 juin 1791, 1 p. 1/2 in-folio.

Il demande que la compagnie des grenadiers du régiment de Lyonnais soit maintenue à Montpellier.

3o L. s., comme président du Comité de législation de la Convention, au citoyen Ranson, accusateur public du département du Nord ; Paris, 3 mars 1793, 1 p. in-folio.

Intéressante lettre relative au jugement du maire de Cassel.

4o P. s., comme président du Comité de salut public, signée aussi par JEAN DEBRY ; Paris, 2 thermidor an III (20 juillet 1795), 1 p. in-folio, tête et vignette imprimées.

Arrêté relatif au renvoi à l'armée des volontaires bretons, qui ont été appelés dans leur pays pour les travaux de la moisson.

5o L. s., comme consul ; Paris, 10 vendémiaire au X (2 octobre 1801), 1 p. in-4. Jolie vignette gravée par Roger.

6o L. s., comme consul, au citoyen Claris ; Paris, 20 fructidor an X (7 septembre 1802), 1 p. in-4.

Il le remercie de ses félicitations.

7o L. s., comme archi-chancelier de l'Empire, au duc de Gaëte ; Paris, 3 avril 1811, 1 p. in-4.

On a collé sur cette pièce un portrait de Cambacérès, à l'aquarelle, qu'une note, relativement ancienne, déclare ressemblant.

8o L. s., comme archi-chancelier, au comte Daru ; Paris, 24 juillet 1813, 1/2 p. in-4.

On a joint un billet de 3 lignes aut. signées C.

**623.** CAMBON (Joseph), député de l'Hérault, le créateur du Grand Livre de la dette publique, n. à Montpellier, 1754, m. 1820.

1o L. s. avec un long post-scriptum aut., à M. Laffabrie, officicier municipal à Montpellier ; Paris, 10 mai 1792, 1 p. 1/2 in-4.

Il lui annonce l'envoi d'un exemplaire de son rapport sur les finances et lui demande son opinion.

2° L. s. à M. Desmales ; Paris, 6 octobre 1792, 1 p. in-4.

Curieuse lettre. Il lui exprime le regret de ne pouvoir le recommander à un ministre, malgré la demande de son père et de son frère. « Je suis fâché de ne pouvoir me rendre à l'invitation de mon père et de mon frère, surtout parce qu'elle vous intéresse, mais la surveillance nécessaire sur les ministres seroit altérée si des considérations pouvoit en diminuer la sévérité. »

3° L. s., en qualité de membre du Comité des finances, signée aussi par MONNOT et DYZEZ, ses collègues au dit Comité, aux commissaires de la Trésorerie nationale ; Paris, 15 brumaire an III (5 novembre 1794), 1 p. in-4, tête et vignette imprimées.

Belle lettre relative au transport d'une somme de deux millions, déposée dans la caisse du payeur de Brest.

### 624. CAMPMARTIN (Pierre), député de l'Ariège.

P. s. ; (Paris, 4 thermidor an III, 22 juillet 1795), 1/2 p. in-folio.

Signature apposée sur un extrait des délibérations du Comité de sûreté générale.

### 625. CAMUS (Armand-Gaston), député de la Haute-Loire, le créateur des Archives nationales, n. 1740, m. 1804.

1° P. a. s. ; Paris, 28 juin 1791, 1 p. in-4.

CURIEUX DOCUMENT. Il certifie que M. Tronchet, l'un des commissaires nommés par l'Assemblée nationale pour recevoir la déclaration du Roi et celle de la Reine, a remis aux archives nationales la minute de la déclaration du Roi, signée de lui et des commissaires, ainsi que la minute de la déclaration de la Reine, signée d'elle et des commissaires. — (Tronchet avait été nommé par l'Assemblée pour recevoir la déclaration du Roi et de la Reine concernant la fuite de Varennes. — Robespierre et Barère avait demandé que l'enquête sur cette affaire fut remise à l'autorité judiciaire).

2° L. a. s. à Roussel ; Paris, 16 germinal an VIII, 1 p. in-4.

Lettre relative au texte de la loi du 17 nivôse an II.

### 626. CARNOT (Lazare), député du Pas-de-Calais, illustre conventionnel, surnommé l'*Organisateur de la Victoire*, n. 1753, m. 1823.

22 pièces ou lettres signées comme membre du Comité de salut public, dont Carnot fit partie du 14 août 1793 au 5 mars 1795. Toutes ces pièces sont collectives. En outre de la signature de Carnot on y rencontre celles de DUQUESNOY, THURIOT, des deux PRIEUR, BILLAUD-VARENNE, LINDET, CAMBACÉRÈS, BRÉARD, FOURCROY, DELMAS, MERLIN (de Douai), COLLOT d'HERBOIS, COCHON, PELET, GUYTON, DUBOIS-CRANCÉ, MAREC, BOISSY-D'ANGLAS, A. DUMONT, CHAZAL, LACOMBE, successivement les collègues de Carnot au Comité de Salut public.

Intéressant dossier réuni, ainsi que les suivants, par Étienne Charavay pour la publication de la *Correspondance de Carnot*. Nous ne pouvons qu'en donner une analyse sommaire, dans l'ordre chronologique. — 30 août 1793. Dénonciation contre le général Gudin. — 2 septembre 1793. Échange de prisonniers avec les Anglais. — *2 septembre 1793*. La troupe équipée par chaque commune de Seine-Inférieure serait plus utile à l'armée qu'en restant dans ses foyers. — *30 octobre 1793*. Les chefs civils et militaires de Metz ne sont point prévenus de l'arrivée des troupes. — *30 brumaire an II*. La société républicaine du Hâvre a désigné deux citoyens pour propager l'esprit républicain dans les colonies. — *13 frimaire an II*. Dénonciation contre Bettinger, entrepreneur de la manufacture des armes à feu de Tulle. — *21 frimaire an II*. Dénonciation contre Hurault, fournisseur de la République. — *29 frimaire an II*. Besoins de la marine en bombes, obus, boulets de fer forgé. — *10 nivôse an II*. Six mille francs sont mis à la disposition de Brédin pour ses expériences. — *13 nivôse an II*. Exécution rapide des marchés passés avec la fonderie du Creuzot. — *28 nivôse an II*. Renvoi dans leurs foyers des volontaires de la 1re réquisition du département du Mont-Blanc. — *9 frimaire an II*. Avis que les forges de la Mouline (Dordogne), sont propres à la fabrication des canons. — *17 frimaire an II*. Difficultés faites à un citoyen pour livrer les limes qui lui ont été commandées. — *30 nivôse an II*. Vérification des forges du district de Grandpré. — *9 ventôse an II*. Paiement de la solde de la gendarmerie. — *29 pluviôse an II*. Relative à l'extraction et à la fabrication du salpêtre dans le district de Nantua. — *15 brumaire an III*. Mécanisme inventé par le citoyen Martin, dit Mouvant, pour la hausse des obusiers. — *30 brumaire an III*. Mise à la disposition du citoyen Séguin des petites écuries du ci-devant roi, à Sèvres, pour y déposer les peaux à tanner. — *27 nivôse an III*. Prix du sel à livrer dans Paris. — *26 pluviôse an III*. Le volontaire Broussey, est mis au service des forges de Fronclès. — *5 ventôse an III*. Salage des peaux déposées dans la chapelle des orfèvres.

## 627. CARNOT (Lazare).

25 lettres signées pendant que Carnot était directeur (5 novembre 1795-5 septembre 1797) et surtout pendant ses deux présidences trimestrielles (1° 30 avril au 29 juillet 1796. — 2° 28 mai au 26 août 1797).

Carnot ayant eu dans ses attributions la direction des opérations militaires, les lettres suivantes sont presque toutes adressées aux généraux en chefs ou aux représentants du gouvernement près les armées. Ce dossier est du plus grand intérêt. — AN IV : *17 floréal* (à Beurnonville). Mise en état de défense des places de Luxembourg et de Maestricht. — *11 prairial*. Le Directoire autorise Fouché à se fixer à Montmorency. — *12 prairial*. (à Beurnonville). Instructions pour utiliser les inépuisables ressources de la Belgique en faveur des armées républicaines. — *20 prairial* (au même). Mesures prises à l'égard d'Amsterdam ; intention du roi de Prusse, opérations de Jourdan sur le Rhin. — *23 prairial* (au même). Renforts à envoyer à Jourdan, prélevés sur l'armée du nord. — *2 messidor* (à Saliceti). Envoi d'instructions pour les négociations qui pourraient avoir lieu en Italie. — *3 messidor*. Règlement pour la comptabilité des impositions levées dans les pays conquis. — *3 messidor* (à Jourdan). Relative au plan de Moreau. — *5 messidor* (à Beurnonville). Envoi de troupes pour couvrir Dusseldorf, intentions de la Prusse. — *8 messidor* (à Beurnonville). Coopération de Beurnonville au mouvement rétrograde de Jourdan. — *16 messidor* (à Beurnonville). Inaptitude des troupes hollandaises à garder une contenance militaire. — *23 messidor* (à Saliceti et Garrau). Relative à l'occupation de Livourne, de Gênes et de Porto-Ferrajo. — *29 messidor* (à Beurnonville). Assurance que le territoire batave ne sera pas envahi ; ordre d'envoyer 15.000 hommes sur le Rhin. « Nous sommes au moment à jamais mémorable qui doit fixer le sort de cette terrible guerre en faveur de la république : hâtons-nous de déployer tous nos moyens pour consolider nos victoires et arriver au terme glorieux de la paix. — *8 thermidor* (au ministre des finances). Secours en bois, à accorder aux habitants insurgés sur la gauche de la Loire. — *28 thermidor* (à Garrau et Saliceti). Le Directoire a reçu les lettres annonçant les dernières victoires de l'armée d'Italie. « Rien de ce qui tient à l'activité et à l'audace ne doit maintenant surprendre de la part de cette armée, ainsi que du chef qui la commande. » Néanmoins le Directoire conseille à ses représentants de former des magasins de réserve en Savoie. — *9 fructidor* (à Moreau). Reproches à des officiers généraux de l'armée du Rhin et Moselle qui ont scandaleusement prélevés, à leur profit, des sommes considérables sur les habitants des pays envahis. — *9 fructidor* (à Haussmann, commissaire du gouvernement près l'armée de Rhin et Moselle). Sur la cupidité infâme des généraux de l'armée du Rhin et Moselle. La pièce est signée par Carnot, Reubell et La Revellière-Lépeaux. — *17 fructidor* (au même). Jugement contre le général

Tuncq et l'adjudant-général Perrin. — An V : *14 vendémiaire* (à Beurnonville). Annonce de l'arrivée à son armée des généraux Caffin, Berville, Lerivint et Vatrin. — *9 nivôse* (à Rudler, commissaire du gouvernement près l'armée de Rhin et Moselle). Approbation des arrêtés qu'il prendra en cas d'urgence. Ordre de tenir dans Kehl jusqu'à la dernière extrémité. — *27 ventôse* (à Rudler). Moreau a reçu l'autorisation de venir passer quelques jours à Paris, ordre, en son absence, d'activer les apprêts de la nouvelle campagne. — *23 pluviôse* (à Rudler). Relative à l'approvisionnement de l'armée. — *14 pluviôse* (à Rudler). Paiement de l'arriéré de la solde. — *30 messidor* (aux ministres de la guerre et de la marine). Relative aux catalogues des cartes, plans, etc., conservés dans leurs bureaux. — *6 fructidor*. Arrêté pour l'achat, au colonel américain Tate, de 1.200 fusils, 5 canons, 1.500 boulets et 240.000 cartouches. Cette pièce est signée par Carnot, La Revellière-Lépeaux et Barras.

## 628. CARNOT (Lazare).

L. a. s. à MARIE-JOSEPH CHÉNIER ; 5 nivôse an IV (26 décembre 1795), 1/2 p. in-4.

Un protégé de Chénier ayant été excepté de la réquisition, Carnot lui en donne avis ; il ajoute cette observation : « Ces sortes d'exception, quelque peu nombreuses quelques soient, sont fâcheuses par le mauvais exemple qu'elles donnent et par les nouvelles réclamations qu'elles attirent. »

## 629. CARNOT (Lazare).

L. a. s. à Baudin (des Ardennes) ; 19 frimaire an V (9 décembre 1796), 1 p. 1/2 in-4.

PRÉCIEUSE LETTRE relative à un écrit contenant des critiques passionnées sur la dernière campagne de l'armée du Rhin. « Il est évident que c'est à elle, en grande partie, que nous devons la conquête de l'Italie, par la diversion puissante qu'elle a opérée ; que c'est par elle que nous avons détaché de la coalition la majorité des princes de l'Empire. Sans elle nos armées mourant de faim sur la rive gauche du Rhin où nous n'avions pas de quoi les solder, étaient forcées de revenir sur les anciennes limites où elles auraient vécu de réquisitions tortionnaires, c'est par elle enfin que nous avons dépouillé l'ennemi de toutes les ressources qu'il avait préparées pour sa campagne et que nous nous sommes saisis des clefs de l'Allemagne qui nous restent. » Sans la sotte reculade de Jourdan, la campagne eut été bien plus décisive.

## 630. CARNOT (Lazare).

23 lettres signées par CARNOT pendant son passage au ministère de la guerre (2 avril-8 octobre 1800).

Nomination d'officiers, paiement de la solde, service des étapes dans le département de la Meurthe, achèvement des travaux défensifs du fort de Kehl, règlement sur le recrutement, sur La Tour d'Auvergne, sur l'échange des prisonniers de guerre de l'armée d'Italie, etc.

## 631. CARNOT (Lazare).

L. a. s. à CLARKE ; Paris, 27 janvier 1814, 1 p. in-4.

Il lui accuse réception de l'ordre de l'Empereur le nommant gouverneur d'Anvers. (Carnot avait été nommé gouverneur le 25 janvier).

## 632. CARNOT (Lazare).

26 lettres signées par CARNOT pendant son passage au ministère de l'Intérieur (20 mars-22 juin 1815).

*30 mars* (au général Allent). Réorganisation de la garde nationale. — *18 avril* (au général Durosnel). Même objet. — *29 avril* (au comte de

Montesquiou). Direction du théâtre de Strasbourg pour le sieur Després, comédien-français retraité. — *30 avril*. Conseils au préfet des Côtes du Nord. — *3 mai*. Compte-rendu sur la conduite de M. de Lameth, préfet de la Somme. → *6 mai* (à Madame de Ségur). Suppression de la subvention de 10.000 francs accordée à la Société maternelle de Paris). — *7 mai*. Destruction des bandes, qui, dans l'arrondissement de Lannion, cherchent à détourner de leur destination les militaires rappelés. — *9 mai*. Liquidation des créances des ex-fonctionnaires des départements abandonnés par la France. — *17 mai*. Sur la voierie de Paris. — *20 mai* (à M. de Montesquiou). Logement du secrétaire et des archives de l'Opéra. — *24 mai* (au préfet du Rhône). M. le comte Maret, commissaire extraordinaire dans la 19e division militaire, est rappelé. → *26 mai* (au prince Lucien). M. Le Chevalier est maintenu dans sa place de conservateur de la Bibliothèque du Panthéon. — *26 mai* (à Fouché). — *28 mai* (au duc de Bassano). Envoi d'une note relative au Champ de Mai. — *29 mai* (au cardinal Fesch). L'Empereur désire que le cardinal Fesch célèbre la messe du Champ de Mai. — (*Mai*). Instructions pour faire des exclusions considérables dans les administrations. — *6 juin*. Organisation de la garde nationale. — *7 juin* (au préfet du Rhône). Le serment à l'Empereur doit être prêté par tous les fonctionnaires salariés. — *10 juin* (au ministre de la guerre). Organisation de la garde nationale. — *12 juin* (à Gaudin). — *12 juin* (à un préfet). Pour presser l'envoi du compte des recettes et dépenses faites en 1814 par les bureaux de poids et mesures. — *13 juin* (au président de la société d'agriculture de Provins). Envoi d'un ouvrage sur les vignes de l'Andalousie. — *22 juin* (au préfet des Côtes du Nord). Félicitations pour le rétablissement du calme dans son département, etc.

**633. CARRA (Jean-Louis), député de Saône-et-Loire à la Convention, littérateur, ami des girondins, n. à Pont-de-Veyle (Ain), 1743, décapité le 31 octobre 1793.**

L. a. s. ; Paris, 2 mars 1791, 1 p. in-4. *Peu commun.*

Lettre relative à l'achat de terrain près de Lesneven. Il ajoute qu'il ne peut quitter Paris, vu l'attention qu'il est obligé de donner aux affaires publiques.

**634. CARRA (Jean-Louis).**

L. a. s. à son collègue CHOUDIEU ; Tours, 4 mai 1793, 1 p. in-folio. Tachée d'humidité dans le haut.

Il l'informe du décret qui le nomme, ainsi que leurs collègues Trullard, Garnier de Saintes, Goupilleau et Mazade, députés près les armées de la République, opérant dans les départements de l'ouest. Intéressants détails.

**635. CARRIER (Jean-Baptiste), député du Cantal, fameux par sa mission à Nantes, n. 1756, décapité le 16 décembre 1794.**

L. a. s. à la municipalité de Nantes ; Nantes, 8 frimaire an II (28 novembre 1793), 3/4 de p. in-4.

Ordre de prendre sans délai les mesures ordonnées par son arrêté.

**636. CASABIANCA (Luce de), député de la Corse, capitaine de vaisseau, qui commandait l'*Orient* à la bataille d'Aboukir, n. à Bastia, 1762, tué à Aboukir le 1er août 1798.**

L. s., signée aussi par A. ANDREI, ARRIGHI, MOLTEDO et SALICETI, députés de la Corse, aux membres du Comité de

sûreté générale ; Paris, 29 ventôse an III (19 mars 1795),
1 p. 1/2 in-4. *Très rare.*

Ils viennent d'apprendre que le Comité de sûreté générale a lancé un
mandat d'arrêt contre Arena, ex-député à l'Assemblée législative. Ils se
portent garants de son excellent patriotisme.

**637.** CHABANON (Antoine-Dominique), député du Cantal,
n. à Murat (Cantal), 1757, m. 1836.

P. s. deux fois, signée aussi par MONGEZ, commissaire-
général des Monnaies, ROETTIERS, directeur et MORET fondé
de pouvoir de la trésorerie nationale ; Paris, 30 brumaire
an II (20 novembre 1793), 8 p. in-folio.

Procès-verbal des matières d'or, d'argent, de cuivre, etc., recueillies dans
les communes de Choisy-sur-Seine, Drancy, Gif, Merinville, Valence,
Saint-Brice, Noisy le Grand, Clichy la Garenne, Meulan, Etrecourt, Farmen-
tière, Juvisy-sur-Orge, Fromenteau, etc....

**638.** CHABOT (François), ex-capucin, député de Loir-et-
Cher, n. 1759, décapité avec les Dantonistes le 5 avril
1794.

L. a. au directeur de la *Chronique ;* Paris, 18 mai an IV
(1792), 2 p. in-folio. (*Coll. B. Fillon*).

Il proteste contre divers passages de la *Chronique,* où on lui prête des
opinions qu'il est loin d'avoir, particulièrement sur les conséquences de la
déclaration qu'on devrait, selon lui, exiger de tout individu dont vingt
citoyens attestent l'incivisme, et sur l'abrogation des décrets concernant la
constitution civile du clergé, qu'il considère comme nécessaire, afin
d'étouffer tous les germes de division qui menacent de troubler l'ordre
public.

**639.** CHABOT (François).

L. a. s., 1 p. in-4.

L'on se plaint de toutes parts que les armées soient trop faibles et depuis
deux mois les citoyens de Blois, Vendôme, Chartres et Melun se plaignent
que le pouvoir exécutif leur laisse, contre leur vœu, des troupes de ligne, qui
non seulement sont inutiles mais encore très dangereuses.

**640.** CHAMPIGNY - CLÉMENT (René - Jean), député de
l'Indre-et-Loire, n. à Chinon 1754, m. 1819.

L. a. s. à Palloy ; 20 brumaire an IV (11 novembre 1795),
1/2 p. in-4.

Il lui accuse réception de son plan de la Bastille.

**641.** CHASTELLAIN (Jean-Claude), député de l'Yonne,
n. à Hermé (Seine-et-Marne), 1741, m 1824.

Apostille signée en marge d'une pétition adressée à la Convention ; Paris, 9 germinal an III (29 mars 1795), 1 p. 1/2 in-folio.

**642.** CHÉNIER (Marie-Joseph de), célèbre poète tragique,

député de Seine-et-Oise, membre de l'Académie française, n. 1764, m. 1811.

L. a. s. à Mahérault ; 30 pluviôse an XI (18 février 1803), 1/2 p. in-8.

**643. CHOUDIEU (Pierre), député de Maine-et-Loire, commissaire en Vendée, n. à Angers, 1761, m. 1838.**

L. s., signée aussi par GOUPILLEAU ; Saint-Lambert, 12 avril 1793, 4 p. in-8.

PIÈCE HISTORIQUE où il fait le récit de l'attaque infructueuse de Chemillé par les troupes républicaines. Le général Duhoux se porta directement sur la Jumelière pendant que les représentants, avec les généraux Berruyer et Menou, marchaient sur Chemillé. Ils tournèrent les batteries des Vendéens. « Le général Menou est marché par la droite, à la tête de 60 volontaires de la Bastille et d'un bataillon de gardes nationales. Les premiers ont fait des merveilles, les autres ont fui comme des lâches. Le général Menou qui voyait ainsi échapper une victoire certaine a mis pied à terre avec l'adjudant-général Mangin et a marché droit à la batterie dont il s'est emparé l'épée à la main, secondé seulement par quelques volontaires de la Bastille. L'adjudant-général a été tué à ses côtés et il n'est échappé lui-même que par un prodige. Prêt à succomber sous le nombre il a fait sa retraite et est venu nous rejoindre. »

**644. CLOOTS (Jean-Baptiste), dit Anacharsis, député de l'Oise, surnommé l'*Orateur du genre humain,* n. 1755, décapité le 24 mars 1794.**

P. s., signée aussi par LAVOISIER, FOURCROY, DUFOURNY, SUE, etc. ; Paris, 14 brumaire an II (4 novembre 1793), 2 p. in-folio. *Rarissime.*

Procès-verbal d'une assemblée générale du Lycée républicain, ayant pour but la régénération du Lycée républicain. Curieux document.

**645. CLOOTS (Anacharsis).**

Dédicace de deux petites lignes aut. (non signées), sur le titre de l'*Orateur du genre humain*, 1 p. in-16.

Cette dédicace était pour Charles Villette.

**646. COCHON (Charles), député des Deux-Sèvres, ministre de la police, n. 1749, m. 1825.**

L. a. s. au citoyen Bouron, procureur-général syndic du département de la Vendée ; Machechoul, 11 vendémiaire an IV (3 octobre 1795), 4 p. in-4, tête et vignettes imprimées.

Il lui confirme que les Anglais ont voulu débarquer sur les côtes de France, soutenu par l'armée de Charette. Ils ont sommé, au nom de Louis XVIII, la garnison de Noirmoutiers de se rendre ; ils annonçaient la présence de *Monsieur* sur leur flotte. Longs et intéressants détails sur l'armée de Charette et sur les mouvements de la flotte anglaise.

**647. COCHON (Charles).**

L. a. s. à Debry ; Maubeuge, 24 mars an II (1793), 4 p. in-4.

PIÈCE HISTORIQUE où il parle de l'attitude des fédérés à la bataille de Neerwinde, le 17 mars précédent. « La troupe de ligne et les bataillons de volontaires nationaux venant des départements ont fait merveille, mais tous ceux que nous avons vu s'accordent à dire, qu'en général, les fédérés de Soissons et autres bataillons de la nouvelle création ont fui comme des lâches. On en a même sabré plusieurs fois sans pouvoir les retenir. Les autres troupes sont furieuses contre eux et prétendent que loin d'être utiles, ils ont fait au contraire beaucoup de mal et les ont exposés à être massacrés. » Longs et intéressants développements.

## 648. COCHON (Charles).

L. a. s. *le comte de Lapparent*, à NAPOLÉON I<sup>er</sup>; 23 février 1811, 1 p. in-folio.

Il demande à l'Empereur une préfecture pour son fils, âgé de 33 à 34 ans, et sous-préfet d'Issoudun depuis 1805. Une apostille, signée N. par l'Empereur, ordonne de porter le fils du comte de Lapparent sur la liste des candidats.

## 649. COLLOT D'HERBOIS (Jean-Marie), député à Paris, membre du Comité de Salut public, n. 1750, m. 1796.

L. s. aux prévôt des marchands et échevins de Lyon, 2 p. 1/2 in-fol.

Intéressante lettre, signée *d'Herbois* et relative à la direction du théâtre de Lyon.

## 650. COLLOT D'HERBOIS (Jean-Marie).

P. s. deux fois, signée aussi par deux administrateurs du théâtre de la rue Feydeau, ci-devant de *Monsieur* ; Paris, 15 novembre 1791, 1 p. in-4.

CURIEUX DOCUMENT. Les administrateurs du théâtre de la rue Feydeau prennent l'engagement de faire représenter, au moins vingt fois, deux comédies en deux actes et deux opéras également en deux actes dont Collot d'Herbois est l'auteur.

## 651. COLLOT D'HERBOIS (Jean-Marie).

L. a. s., signée aussi par ISORÉ, (au maire de Paris) ; Compiègne, 26 août an II (1793), 4 p. in-4.

Importante lettre toute relative à l'approvisionnement de Paris, que tous les ennemis de la République veulent affamer. Il recommande l'envoi de tout le numéraire possible, car la paye comptant facilite les achats de grains. En général les meuniers paraissent décidés à bien aller à condition qu'ils y trouvent leur compte. « Nous voudrions voir nos braves amis et frères de Paris à l'abri de toutes les manœuvres de la malveillance des mauvais cultivateurs et de la scélératesse des conspirateurs, qui en ont égaré plusieurs soit par de mauvais bruits continuellement semés à dessein, soit en leur faisant abjurer la vertu première de leur état, pour les jeter dans les vils calculs d'une infâme cupidité. »

## 652. COLLOT D'HERBOIS et BILLAUD-VARENNE.

Lettre écrite et signée par la femme de Collot d'Herbois, signée aussi par la femme de Billaud-Varenne, à Belfontaine, agent maritime ; 14 germinal (an IV) (3 avril 1796), 1 p. in-4.

Elles le prient de les prévenir du prochain départ pour Cayenne, où elles veulent se rendre sans tarder. (Leurs maris avaient été condamnés à la déportation à la Guyane, le 12 germinal an III. Collot y mourut le 8 juin 1796 et Billaud y vécut longtemps et ne put s'évader qu'en 1816.)

653. CONDORCET (Jean-Antoine-Nicolas de CARITAT, marquis de), illustre savant et philosophe, député de l'Aisne, n. 1743, m. 1794.

L. a. s. à Cellerier, lieutenant du maire ; ce mardi (février 1790), 1 p. in-4. (*Coll. Dubrunfaut*).

654. CONDORCET (Jean-Antoine-Nicolas de CARITAT, marquis de).

Manuscrit autographe, 45 p. in-4.

Examen des pouvoirs de l'Assemblée nationale. Plan de M. Pitt pour la liquidation de la dette nationale, etc.

655. COSNARD (Pierre), député du Calvados à la Convention, n. 1750, m. 1799.

L. a. s. à Carnot ; Lisieux, 24 prairial an IV (12 juin 1796), 1 p. 1/2 in-4.

Il le rassure sur le patriotisme d'un officier de l'armée de Hoche.

656. COUPÉ (Gabriel-Hyacinthe), député des Côtes-du-Nord, n. 1762, m. 1832.

Apostille aut. signée, sur une pièce qui contient des apostilles également aut. sig. par ses collègues : L.-E. BEFFROY, DUPUCH, LOUCHET, GANTOIS, ISORÉ, MATHIEU (de l'Oise), PANIS, LOUVET (de la Somme), etc. *Rare.*

657. COUTHON (Georges), député à la Convention, membre du grand Comité de salut public, n. 1767, décapité avec Robespierre le 28 juillet 1794.

1º L. a. s. à Gaultier de Biauzat ; 13 mars 1790, 1 p. in-4. Cachet armorié.

2º L. a. s. de la veuve de Couthon au citoyen Balliard, inspecteur du garde meuble ; Paris, an III, 1 p. 1/2 in-4. *Curieuse.*

658. CRUVÈS (Antoine), député du Var, n. à Lorgues (Var), 1748.

Apostille aut. sig., signée aussi par ses collègues : BARRAS, TURREAU, BOISSET et SAVORNIN, en marge d'une pétition de l'adjudant-général Lescuier, 1 p. in-folio.

Les conventionnels dénommés ci-dessus, appuient la demande faite au Comité de salut public par Lescuier.

659. DANDENAC jeune (Jacques), député de la Convention, n. à Saumur (Maine-et-Loire), 1752, m. 1825.

L. s. écrite et signée par PERARD, signée aussi par MAIGNEN,

BOURDON (Oise)

BOURDON (Loiret)

COUTISSON-DUMAS (Creuse)

CREUZÉ-PASCAL (Vienne)

CREUZÉ-LATOUCHE (Vienne)

Garos, Auguis, Morisson, Menuau, Charles Cochon, Dandenac *ainé*, Talot, Girard et Gaudin, aux membres du Comité de salut public ; (sans date), 2 p. in-folio.

Ils font un tableau, poussé au noir, des horreurs commise par les chouans et les brigands de la Vendée. Ils viennent informer le Comité de salut public des mesures qui leur paraissent propres à diminuer les progrès des Chouans et des Vendéens. 1° Ils dénoncent d'abord l'incapacité et l'immoralité de certains généraux républicains et proposent leur destitution ; 2° Régénérer les bataillons qui ont eu le malheur de suivre les mauvais exemples de leurs chef ; 3° De faire réarmer les patriotes du pays dont on pourrait former des compagnies de guides. « Nous pensons que ces mesures bien exécutées suffiront pour terminer, en très peu de temps, une guerre que les plus viles passions ont prolongée jusqu'à ce jour. »

**660.** DANTON (Georges-Jacques), député de Paris, un des plus grands hommes de la Convention, n. 1759, décapité le 5 avril 1794.

P. s. *Danton, avᵗ ez Conseil du roy* ; Paris, 20 janvier 1791, 1 p. in-8 oblong. *Très rare.*

Reçu de documents pour un procès.

**661.** DANTON (Georges-Jacques).

L. s., comme ministre de la justice à M. Mogue, défenseur officieux à Charleville ; Paris, 5 septembre 1792, 1 p. in-folio.

Il lui déclare qu'il n'appartient pas au ministre de saisir la Cour de cassation de son affaire.

**662.** DANTON (Georges-Jacques).

P. s., écrite et signée par Camus, signée aussi par J.-F. Delacroix et Gossuin ; Liège, 7 décembre an Iᵉʳ (1792), 2 p. in-4.

Superbe pièce écrite pendant leur mission en Belgique. Ils requièrent le commissaire-ordonnateur de l'armée d'employer tous les moyens possibles pour obtenir les fourrages nécessaires à la nourriture des chevaux.

**663.** DANTON (documents sur).

1° Note aut. de Gay-Vernon, 1 p. in-4.

Il dénonce des acquisitions de biens faites en secret par Danton. La pièce porte un renvoi à l'administrateur des domaines nationaux signé par Monmayou et Lozeau.

2° L. s. du président du département de Paris au citoyen Laumont, commissaire des revenus des domaines nationaux ; Paris, 11 floréal an II (30 avril 1794), 2 p. in-4.

Lettre relative au même objet que la précédente.

3° L. a. s. de Philippe, inspecteur des subsistances militaires à l'armée des Alpes, au Comité de salut public ; Grenoble, 19 germinal an II (8 avril 1794), 1 p. 1/2 in-folio.

Philippe ayant épousé une cousine-germaine de Danton se déclare en mesure de donner des renseignements sur les faits que l'on reproche à Danton. Il s'est séparé de lui depuis un an parcequ'il a reconnu qu'il était un gueux et un fripon. Il dénonce, en attendant, Laidot et Courtois, députés de l'Aube et le générale Brune. — On a joint une pièce concernant la maison louée par Danton à Choisy ainsi qu'une note autographe de Courtois sur Danton.

**664.** DAUNOU (Pierre-Claude-François), célèbre érudit et historien, député du Palais-de-Calais, n. 1761, m. 1840.

L. a. s. aux membres du Comité de sûreté générale ; Paris, 7 floréal an III (26 avril 1795), 1 p. in-folio. *Superbe pièce.*

**665.** DAVID (Jacques-Louis), illustre peintre d'histoire, député de Paris, n. à Paris, 1748, m. 1825.

L. a. s. à Broussonet ; 5 février 1792, 1 p. in-4.

Belle lettre où il le prie de remercier, en son nom, l'Assemblée nationale de lui avoir confié l'éducation de deux élèves.

**666.** DAVID (Jacques-Louis).

1° 2 l. a., dont une signée, de MADAME DAVID, 2 p. in-8.

2° L. s. de DUROC ; Paris, 11 mars 1808, 1 p. in-folio.

Il déclare ne pas vouloir transmettre à l'Empereur une nouvelle demande d'argent de David. « Les prétentions de M. David sont exagérées et ce que S. M. a décidé d'abord ne peut que lui être avantageux ; qu'il travaille à son second tableau et il aura de l'argent. »

**667.** DEBOURGES (Jean), député de la Creuse, n. à Boussac-les-Eglises (Creuse), 1747, m. 1834.

L. a. s. à Petiet ; Boussac, 27 prairial an V (15 juin 1797), 1 p. 1/2 in-4. *Belle et rare pièce.*

**668.** DEFERMON (Jacques), député d'Ille-et-Vilaine, ministre d'Etat sous Napoléon Ier, n. 1756, m. 1831.

L. a. s. à la Convention nationale ; (frimaire an III), 3 p. in-folio.

PRÉCIEUSE PIÈCE. Il fut témoin des événements des 31 mai et 2 juin ; il les considéra comme un attentat à la liberté de la représentation nationale. (Cette dernière phrase a été biffée.) Il crut de son devoir d'envoyer à ses électeurs des détails sur ces événements. Une de ses lettres fut dénoncée et il s'en suivit un décret d'arrestation, auquel il crut prudent se soustraire. Defermon vient d'avoir connaissance du décret qui rappelle au sein de la Convention 74 de ses membres. Il demande à n'être pas excepté de cette mesure. « Je ne demande que la liberté de justifier ma conduite et de défendre mon innocence devant des hommes qui veuillent encore écouter la raison et la justice. » La pièce porte en marge un renvoi aux comités réunis de salut public et de sûreté générale, signé par Le Tourneur.

**669.** DELACROIX (Jean-François), député d'Eure-et-Loir, ami de Danton, n. à Pont-Audemer, 1754, décapité le 5 avril 1794.

1° L. a. s. à Pache ; Paris, 25 octobre 1792, 1/2 p. in-4. *Peu commun.*

Il lui recommande le citoyen Tilly, son camarade de collège.

2º L. s., signée aussi par Legendre ; Rouen, 19 brumaire an II (9 novembre 1793), 1 p. in-4.

Lettre relative au recrutement dans le département de la Seine-Inférieure.

**670. DELACROIX (Charles), député de la Marne, n. à Givry (Marne), 1741, m. 1805.**

1º P. a. s. ; 15 février 1793, 1 p. in-4.

Il déclare qu'il possédait une pension de 4.200 livres sur le trésor et réclame contre une contribution abusive.

2º L. a. s. à Xavier Audoin ; Paris, 1er juin 1793, 2 p. in-4.

3º P. s., comme représentant en mission dans les départements des Ardennes et de la Meuse ; Mézières, 25 brumaire an III (15 novembre 1794), 1 p. in-folio, tête et vignette imprimées.

4º L. a. s., comme ministre des relations extérieures, à Palloy ; Paris, 30 nivôse an IV (19 janvier 1796), 1/2 p. in-4.

Il lui exprime le regret de ne pouvoir accepter son invitation.

5º L. a. s., comme ministre des relations extérieures, à Mangourit, secrétaire de la légation à Madrid ; Paris, 18 germinal an IV (7 avril 1796), 1 p. 1/2 in-4. Jolie vignette gravée.

Il le félicite de la manière dont la légation d'Espagne est organisée ; son désir est que toutes les légations lui ressemblent. Il va proposer au directoire un costume pour les citoyens faisant partie des légations.

**671. DERONZIÈRES (Louis-Armand), député d'Eure-et-Loir, n. 1749.**

Apostille aut. sig., en marge d'une pétition adressée au Comité de salut public, 2 p. in-folio. *Très rare.*

**672. DESCAMPS (Bernard), député du Gers, n. à Lectoure (Gers), 1758.**

Apostille aut. sig., 1/2 p. in-4. *Rare.*

**673. DESMOULINS (Camille), célèbre publiciste, député de Paris, n. 1760, décapité le 5 avril 1794.**

L. a. s. à son père ; 31 décembre 1789, 1 p. 1/4 in-4, cachet brisé. *Très rare. (Coll. Dubranfaut).*

Très précieuse lettre où il lui envoie ses souhaits de bonne année. Il est très content de sa publications *Les Révolutions de France et de Brabant*. Il a 100 abonnés à Marseille et 140 à Dunkerque. « Au reste ce n'est pas l'argent que j'ai en vue dans cette entreprise, mais la défense des principes. »

**674. DESMOULINS (Camille).**

L. a. s. au président de l'Assemblée électorale du département de Paris ; 26 août 1791, 1 p. in-folio. (*Coll. Dubrun-faut*).

PRÉCIEUSE pièce signée *Camille Desmoulins, écrivain pessimiste, électeur de la section du Théâtre-Français.* « Retenu dans les liens d'un décret de prise de corps proclamé par tous les journaux, il m'est impossible de me rendre à mon poste d'électeur. J'admire comme les propos incendiaires qu'un témoin m'accuse d'avoir tenus au café Procope le 3 juillet peuvent être une circonstance de la journée du 17 et je me tais.... »

## 675. DESMOULINS (Camille).

*Entretien de deux philosophes*, manuscrit aut., 34 p. petit in-4. Relié maroquin vert, filets dorés. *Précieux manuscrit.*

## 676. DESMOULINS (Camille).

Deux fragments autographes, 3 p. in-4 ou in-folio.

1° Préface d'un de ses ouvrages. — 2° Procès-verbal d'une séance (du club des Cordeliers ?).

## 677. DESMOULINS (Camille).

1° Let. aut. sig. d'un nommé V. S. DUPRÉ, à Camille Desmoulins ; 2 nivôse (an II-21 décembre 1793), 4 p. pl. in-fol.

Lettre fort curieuse, contenant une critique mordante du régime de la Terreur. L'auteur loue Camille d'oser dire la vérité dans son *Vieux Cordelier*, pendant que tous les autres journaux sont esclaves, et de réveiller ainsi l'espérance des bons Sans-Culottes. « Dieu sait combien la renommée publie de mensonges impudents... Je dois rendre cette justice aux Parisiens ; on a beau faire retentir toutes les rues de Paris du cri de *grande victoire par-ci, grande victoire par-là*, on y fait maintenant moins d'attention qu'à cette espèce de parodie que font maintenant de ces cris, si souvent démentis par les faits, quelques polissons du coin qui crient quelquefois à tue-tete : *Grand combat des topinambous et des pommes de terre dans le ventre d'un patriote qui leur a fait mordre la poussière.* — Il lui raconte qu'une fille publique, voulant se faire guillotiner, a crié *Vive le Roi !* et que, condamnée par le Tribunal révolutionnaire, elle a crié à la foule réunie autour de l'échafaud : *Adieu canaille !* « Publie cette anecdote, si tu l'oses, pour prouver la liberté de la presse en France. Il s'agit seulement de guérir un peuple de l'amour du sang. Si je voulais exciter son horreur, je citerais les atrocités commises dans nos armées et qui excitent des représailles effrayantes à retracer ; celles surtout commises à Commune-Affranchie, où des femmes, ne pouvant souffrir le spectacle de la cruauté la plus inouïe, se son précipitées dans le Rhône avec leurs enfants. On ne fera jamais aimer que par grimace la prétendue liberté dans un pays où il n'est pas permis de dire ce que l'on veut, et d'où on ne peut même sortir, tout en y laissant son bien à la disposition de ceux qui restent... Pour moi, qui, quoiqu'à raison de ma modique fortune, je doive y être plus attaché qu'un autre, je me sens assez fort de philosophie pour abandonner tout ce que je possède ici, pourvu qu'on me laisse aller, loin de cette prétendue terre de liberté, avec ma femme et mon fils..., à conditions toutefois que je me chargerai du choix de la voiture et des conducteurs, et qu'on ne m'embarquera pas sur les bateaux de la Loire : cent quarante prêtres, livrés, à la garde de Dieu, aux bateliers de cette rivière, ont appris au monde qu'on trouvait des écueils jusque dans le port de la liberté à Nantes. »

2° *Note de Camille Desmoulins sur le rapport de Saint-Just* (contre lui, Danton et autres), pièce aut. du représentant COURTOIS, 1 p. 1/4 in-4.

Camille, alors en prison, accuse ses accusateurs. Les comités, suivant lui, n'ont sévi qu'à regret contre Hébert et les siens, dont la conspiration leur était annoncée depuis cinq mois. Au lieu de les faire arrêter, ils ont jeté dans les fers Chabot, leur dénonciateur. Cette curieuse pièce, déjà connue, commence ainsi : « Si je pouvais imprimer à mon tour, si on ne m'avait pas mis au secret, si on avait levé mes scellés et que j'eusse le papier nécessaire pour établir ma défense, si on me laissait deux jours seulement faire un n° 7, comme je confondrais Monsieur le chevalier de Saint-Just...»

## 678. DESMOULINS (Documents sur Camille).

1º P. a. s. par PAYEN-DESLAURIERS, signée aussi par LE BRUN et MOLIÈRE, membres composant la commission inspectante des journaux ; Paris, 6 nivôse an II (26 décembre 1793), 1 p. in-folio.

Ils dénoncent le n° du *Vieux Cordelier* en date du 4 nivôse, qui contient des principes de modérantisme.

2º L. a. s. de LAURENT, du Bas-Rhin, signée aussi par FRÉRON, aux commissaires préposés à la vente des biens des condamnés de la section du Théâtre-Français ; 11 ventôse an III, 1 p. in-4.

Ils les prient de surseoir à la vente du lit et de la bibliothèque de Camille Desmoulins.

## 679. DESMOULINS (Camille).

1º P. aut. de LUCILE DESMOULINS, 2 p. in-8.

Remarques sur la langue italienne.

2º P. aut. de M$^{de}$ DUPLESSIS, belle-mère de Camille Desmoulins, 1/2 p. in 8.

3º L. a. s. de C. DESMOULINS FILS à Barrière ; Cayes Saint-Domingue, 25 février 1822, 2 p. in-4.

Intéressante lettre. Il l'informe, qu'à sa connaissance, son père n'a pas laissé d'ouvrage intitulé : *Histoire secrète de la Révolution*, ainsi que cela est annoncé sur la couverture de la collection des *Mémoires* relatifs à la Révolution.
V. les n°° 972 et 973.

## 680. DETCHEVERRY (Jean-Baptiste), député de la Réunion, m. 1809.

L. a. s. à Petiet ; Paris, 12 brumaire an V (2 novembre 1796), 1 p. in-4.

## 681. DEVILLE (Jean-Louis), député de la Marne, n. à Sainte-Marie-à-Py (Marne), 1753, m.

Apostille aut. sig. en marge d'une pièce, laquelle est incomplète. *Rare.*

## 682. DROÜET (Jean-Baptiste), maître de poste à Sainte-Menehould, fameux par l'arrestation de Louis XVI, député de la Marne, n. à Sainte-Menehould, 1763, m. 1824.

Lettre aut. sig. de JEANNE LEBEL, femme de Drouet ; Sainte-Menehould, 14 prairial an V (2 juin 1797), 1 p. 1/2 in-4.

Elle vient d'apprendre que son mari a été acquitté et elle demande la levée du séquestre mis sur biens. (Drouet était poursuivi comme complice de Babeuf. En fuite depuis le 29 thermidor an IV, il fut acquitté par la Haute-Cour de Vendôme et ne revint en France qu'après le 18 fructidor).

**683. DUGENNE (Elie-François),** député du Cher, n. à St-Satur (Cher), 1737, m. 1815.

L. a. s. aux administrateurs du district de Sancerre ; Paris, 6 germinal an III (26 mars 1795), 2 p. in-4.

Il déplore les mouvements insurrectionnels qui viennent de troubler leur paisible cité. « Vous en connaissez les causes, vous en avez découvert et puni fraternellement les auteurs c'est ainsi qu'il faut être, ferme sans dureté, indulgent sans faiblesse : c'est le vrai moyen de ramener tout le monde à l'ordre. »

**684. DUGOMMIER (Jean-François-Coquille),** député de la Martinique, illustre général républicain, n. à la Basse-Terre (Guadeloupe), 1738, tué à la bataille de la Montagne noire le 17 novembre 1794.

P. s. Coquille Dugommier, général de brigade ; Paris, 17 avril 1793, 2 p. in-folio. Coupure dans une marge enlevant la fin des mots.

C'est un mémoire concernant les îles du Vent présenté au Conseil exécutif par Dugommier.

**685. DULAURE (Jacques-Antoine),** historien de Paris, député du Puy-de-Dôme, proscrit avec Girondins, n. à Clermont-Ferrand, 1755, m. 1835.

1° L. a. s. à son collègue Daudet, 1 p. 1/2 in-4, tête et vignette imprimées. — 2° L. a. s. au président de la Convention ; Niederlintz, 20 vendémiaire an III (11 octobre 1794), 1/2 p. in-folio.

Il lui recommande la pétition d'un collègue injustement accusé. La pièce porte une apostille signée par Vardon.

**686. DU PRAT (Jean),** député des Bouches-du-Rhône, membre du parti girondin, n. 1760, décapité le 31 octobre 1793.

P. a. s., signée aussi par ROVÈRE ; Paris, 1er décembre 1792, 1 p. in-4 oblong. *Rare.*

**687. DUPUIS (Charles-François),** auteur de l'*Origine de tous les cultes,* député de Seine-et-Oise, membre de l'Institut, n. 1742, m. 1809.

1° L. a. s. à Lalande ; Paris, 2e jour de la 2e décade du 2e mois (an II) (2 novembre 1793), 1 p. in-4. (*Coll. Dubrunfaut*). — 2° L. s. à l'administration du département du Rhône ; Chaumont, 10 floréal an III (29 avril 1795), 1 p. in-4, tête et vignette imprimées.

**688.** DUQUESNOY (Ernest), député du Pas-de-Calais, compromis dans l'insurrection de prairial an III, n. 1748, mort par suicide le 16 juin 1795.

L. a. s. à ses collègues Elie Lacoste et Peyssard ; Guise, 11 octobre 1793, 1 p. 3/4 in-4, cachet.

PIÈCE HISTORIQUE. Il vient de destituer le général d'artillerie Mérenveue, qui laissait les troupes aller à l'ennemi sans munitions. « Faites-moi guillotiné ce vilain aristocrate... Le vieux j. f. de Mérenveue et cause que l'ennemi aura le temps de connoître nos dispositions et de se renforcer. »

**689.** DUQUESNOY (Ernest).

1º L. a. s. à Bouchotte ; Arras, 25 septembre 1793, 1 p. in-4, vignette et tête imprimées.

Relative à la promotion de son frère au grade de général de division.

2º L. a. s. à ses collègues du Comité de sûreté générale ; Aire, 13 nivôse an III (2 janvier 1795), 1 p. 1/2 in-4.

Il se disculpe des calomnies répandues contre lui par un misérable nommé Delelis.

**690.** DUROY (Jean-Michel), député l'Eure, un des derniers montagnards, n. à Bernay, 1753, compromis dans l'insurrection du 1er prairial an III et décapité le 16 juin 1795.

P. a. s. ; Landau, 6 thermidor an II (24 juillet 1794), 1 p. in-4, tête et vignette imprimées. *Rare.*

**691.** ESCUDIER (Jean-François), député du Var, n. à Pelissanne (Bouches-du-Rhône), 1758, m. 1819.

P. a. s. ; Paris, 9 août 1753, 1 p. 1/2 in-folio.

Déclaration sur Goyrand-La Baume, ci-devant vicaire-épiscopal de l'évêque du Var. Il l'a connu à Toulon, il sait qu'il est l'auteur d'une lettre où les Jacobins étaient traités de *Jacoquins* et l'Assemblée nationale un repaire de brigands que Brunswick viendrait châtier.

**692.** FABRE D'ÉGLANTINE (Philippe-François-Nazaire), poète comique, député de Paris, ami de Danton, n. 1755, décapité le 5 avril 1794.

1º Billet aut., 1/2 p. in-16.

Curieux billet ainsi conçu : « C'est au Roi seul qu'il faudrait que je parlasse et en votre présence si le Roi ne veut pas être seul. Faites savoir sur le champ au Roi ce que je vous dis. »

2º P. a. s., 22 mars (1793), 1 p. in-33.

Minute d'un projet de décret ordonnant qu'il serait mis la somme de 300.000 livres à la disposition du ministre de l'intérieur pour dépenses secrètes, concernant à la tranquillité publique.

DANDENAC *ainé* (Maine-et-Loire)

DANDENAC *jeune* (M.-et-L.)

DAVID (Aube)

DAVID (Paris)

DELACROIX (Eure-et-Loir)

DELACROIX (Marne)

DELAUNAY *ainé* (Maine-et-Loire)

DELAUNAY *jeune* (Maine-et-Loire)

DUBOIS (Haut-Rhin

DUMAS (Savoie)

*(V. aussi Coutisson-Dumas)*
DUMONT (Somme)

DUMONT (Calvados)

JACOB DUPONT (Indre-et-Loire)

DUPONT (Hautes-Pyrénées)

CH. DUVAL (Ille-et-Vilaine)          DUVAL (Seine-Inférieure)

ESCHASSERIAUX *ainé* (Charente-Inf<sup>re</sup>)          ESCHASSERIAUX *jeune*

FAURE (Haute-Loire)

FABRE D'EGLANTINE (Paris)          GAILLARD (Loiret)

693. **FAUCHET (Claude)**, abbé avant la Révolution, évêque constitutionnel du Calvados, député de ce département à la Législative et à la Convention, ami des Girondins, n. à Dornes (Nièvre), 1704, décapité le 31 octobre 1793.

1º L. a. à la 3e personne, comme abbé, à BERNARDIN DE SAINT-PIERRE; 1er septembre 1788, 1 p. in-4.

2º L. a. s., comme évêque du Calvados, aux membres du Directoire du département ; Bayeux, 12 juillet 1791, 1 p. in-4.

Il les informe qu'il officiera pour la cérémonie de la Fédération.

3º L. s., comme évêque du Calvados; Paris, 1er février 1792, 1 p. in-4.

Il annonce l'envoi d'un discours qu'il a prononcé à l'Assemblée nationale sur les traités, la guerre et la paix. Il a fondé son projet de décret sur ce principe, « que la politique la plus digne d'une nation libre est la plus simple et la plus loyale. »

4ª P. aut., 4 p. in-4.

Discours prononcé à l'occasion de la remise d'un souvenir de la Bastille.

694. **FAURE (Amable)**, député de la Creuse, n. à Vidaillat (Creuse), 1755, m. 1819.

P. a. s.; Brest, 24 vendémiaire an III (15 octobre 1794), 1 p. gr. in-4, tête et vignette imprimées. *Rare*.

695. **FAYAU (Joseph-Pierre-Marie)**, député de la Vendée, ardent montagnard, n. 1766, m. 1799.

P. s., signée aussi par BELLEGARDE; La Chateigneraye, 24 septembre 1793, 1 p. in-folio, cachet de cire.

Nomination du sieur Pierre Martin, dit Saulnier, à l'emploi de commandant temporaire de la place de Saint-Gilles sur Vie (Vendée), en remplacement du citoyen Prascke, mis en arrestation

696. **FERAUD (Jean)**, député des Hautes-Pyrénées, n. 1764, assassiné dans le sein de la Convention lors de l'insurrection du 1er prairial an III.

L. s. à MARCEAU; quartier-général d'Ober-Ingelheim, 16 germinal an III, 1 p. in-folio.

Il le prie de lui retourner un document qui lui sera indispensable dans les conférences qu'il va avoir avec le Comité de salut public.

697. **FOUCHÉ (Joseph)**, député de la Loire-Inférieure, ministre de la police sous Napoléon Ier, n. 1763, m. 1820.

L. a. s. (aux membres de la Société populaire de Nantes); Paris, 1er mars 1793, 1 p. 1/4 in-4.

TRÈS IMPORTANTE LETTRE où il annonce l'arrivée des Nantais à Paris. Leur présence ne lui paraît pas nécessaire et il repousse l'idée d'une force départementale à Paris : « Le peuple de Paris, quoi qu'on en dise, est bon et généreux, il est quelquefois égaré par les ennemis de la République, mais en dépit de ces mêmes ennemis, il est bientôt ramené à la vérité, non par la force des armes qui ne peut agir que sur la conscience des esclaves, mais par celle de la raison ».

**698. FOUCHER** (Jacques), député du Cher, n. à Coullons (Loiret), 1753, m. 1819.

P. s. ; Besançon, 17 brumaire an III (7 novembre 1794), 1 p. in-folio, tête et vignette imprimées, cachet de cire. *Belle pièce.*

**699. FOURCROY** (Antoine-François, comte), célèbre chimiste, député de Paris, créateur des lycées, membre de l'Institut, n. à Paris, 1755, m. 1809.

1º L. a. s. à LAVOISIER ; 30 juillet 1789, 2 p. in-4.

Il le remercie pour l'aimable proposition d'un prêt d'argent.

2º L. a. s. à Panckouke ; 31 octobre 1790, 3 p. in-4.

Il réclame le paiement des articles qu'il a donnés à l'*Encyclopédie.*

3º L. a. s. ; 13 mai 1791, 4 p. in-4.

Il demande la collaboration de son correspondant pour la rédaction d'un Dictionnaire encyclopédique de chimie, qu'il doit faire paraître chez Panckoucke. Intéressants détails.

4º P. s. comme président de la section des gardes-françaises ; Paris, 4 avril 1792, 1 p. in-4.

Il recommande aux armuriers, fourbisseurs et marchands d'armes de sa section de ne vendre des fusils qu'aux citoyens munis de certificats des comités révolutionnaires de leur section.

5º L. a. s. à Chaumette ; 18 brumaire an II (8 novembre 1793), 1 p. in-8.

Il lui certifie, en termes curieux, le républicanisme de Gail. « Je le crois au pas de notre heureuse révolution. »

6º L. a. s. aux membres de l'agence des mines ; Paris, 7 fructidor an III, 1 p. in-4.

Leur projet sur les écoles est bien conforme aux idées qu'il avait formées.

7º P. s., comme membre du Comité de salut public ; Paris, 3 brumaire an III (24 octobre 1794), 1 p. in-4.

Minute d'une lettre du Comité de salut public aux commissions des armes et poudres, du commerce et des arts, pour l'établissement de bateaux à pompes de feu pour la remonte des fleuves.

8º *Programme du lycée républicain pour l'an VI de la République française*, manuscrit aut., 12 p. in-4.

9º L. a. s., comme conseiller d'Etat, aux administrateurs de la Loterie nationale ; Paris, 25 frimaires an IX (16 novembre 1800), 1 p. in-4.

GARNIER (Charente-Inférieure)

L. GARNIER (Pas-de-Calais)

GARNIER (Meuse)

GARNIER (Aube)

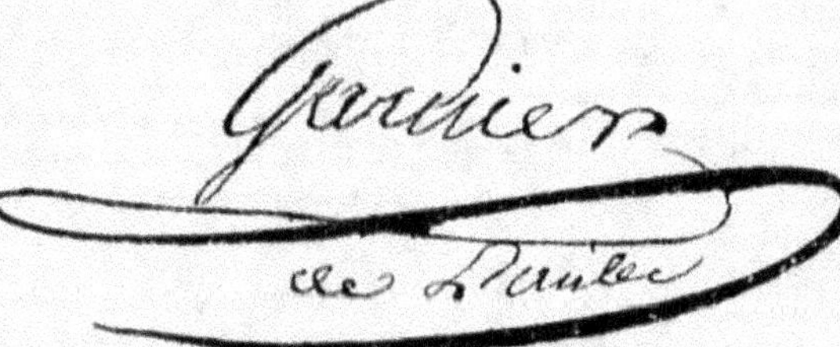

GAULTIER (Côtes-du-Nord)

GAUTHIER (Ain)

GENTIL (Loiret)

10° P. s. ; Paris, 27 germinal an IX, 3 p. in-4.

Traité avec la librairie Levrault et Magimel pour la publication d'un *Dictionnaire d'histoire naturelle*.

**700. FRÉRON (Louis-Stanislas), fils du critique, député de Paris, un des chefs de la réaction thermidorienne, n. 1765, m. 1802.**

1° L. a. s., signée aussi par Barras, aux membres du Comité de Législation ; Riez, 27 mai 1793, 1 p. in-folio.

2° L. a. s. au citoyen Cirodde ; Paris, 21 messidor an VII (9 juillet 1799), 1 p. in-4.

3° P. s. ; 13 germinal an II (2 avril 1794), 4 p. in-4.

Etat des effets qui garnissaient l'appartement qu'occupait le citoyen Tiercelin, rue Chabanais, 39, et par lui rétrocédé, tant en son nom qu'en celui du citoyen Grière, au citoyen Fréron, député à la Convention.

**701. FRÉRON (Louis-Stanislas).**

L. a. à Barras ; Paris, 1er floréal an III (20 avril), 1 p. in-4.

Pièce historique écrite entre les insurrections de germinal et de prairial an III, Fréron informe Barras qu'un mouvement s'organise contre la Convention ; le royalisme et le terrorisme s'organisent, Fréron supplie Barras de quitter le Hâvre pendant quelques jours et de venir se rendre compte de la situation. « Le peuple souffre et murmure. Il faut qu'il éprouve, sous 24 heures, de l'amélioration dans les distributions de pain. Nos cœurs saignent de la position cruelle dans laquelle l'a plongé l'imprévoyance perfide l'ancien comité. Salut. Tu connais mon écriture. »

**702. GARDIEN (Jean-François-Martin), député d'Indre-et-Loire à la Convention, proscrit avec les girondins, décapité le 31 octobre 1793.**

P. a. s. ; Paris, 24 juin 1793, 1 p. in-4.

Il certifie que le citoyen Janin, brigadier de gendarmerie, l'a gardé chez lui, en exécution du décret de la Convention, depuis le 2 juin jusqu'à ce jour.

**703. GARDIEN (Documents sur Jean-François-Martin).**

1° L. s. par Louvet et Michonis, administrateurs de police de la Commune de Paris ; Paris, 31 juillet 1793, 1 p. in-4.

Ordre au concierge de l'Abbaye de recevoir le nommé Gardien, député à la Convention, décrété d'arrestation le 28 du dit mois.

2° L. a. s. de Madame Gardien au président de la Convention ; (25 juin 1793), 1 p. in-folio.

Elle conjure la Convention qu'elle lui permette, ainsi qu'à ses quatre enfants, de partager la détention de son mari dans le nouveau local qui lui est fixée. « C'est une faveur, qu'il est de la justice et de l'humanité de la Convention de ne pas refuser à une épouse et une mère affligée, qui ne se console de la privation de la liberté de son mari que par la certitude de son innocence. »

**704.** GARILHE (François-Clément-Privat), député de l'Ardèche, n. à Payzac (Ardèche), 1759, m. 1829.

P. aut., à la 3e personne, 1 p. in-4.

Intéressant document pour la biographie de Garilhe. Il donne la liste des emplois qu'il a occupés depuis la Révolution.

**705.** GELIN (Jean-Marie), député de Saône-et-Loire, n. à Champlecy (Saône-et-Loire), 1740, m. 1802.

L. s., comme membre du Comité de liquidation, signée aussi par COLOMBEL et POTTIER, aux commissaires de la comptabilité, 1 p. in-folio. *Rare.*

**706.** GENSONNÉ (Armand), député de la Gironde, illustre orateur, un des principaux girondins, n. à Bordeaux, 1758, décapité le 31 octobre 1793.

L. a. s. G., à sa femme ; (de sa prison, octobre 1693), 1/2 p. in-8 oblong. *Très rare.*

Précieux billet, écrit après son arrestation. Il est ainsi conçu : Je te prie, ma bonne amie, de me faire parvenir quatre serviettes blanches, une paire de draps, un matelas, un coussin, quelques mouchoirs de poche et un peu d'argent, car je suis absolument sans un sol. Je t'embrasse de toute mon âme. »

**707.** GENSONNÉ (Armand).

L. a. s. de la VEUVE DE GENSONNÉ à Bosc ; Bordeaux, 12 pluviôse an XI (1er février 1803), 2 p. in-4,

Elle lui demande de faire obtenir à son fils une place au lycée de Bordeaux. Madame Guadet fait la même demande.

**708.** GENTIL (François), député du Mont-Blanc, n. à Saint-Didier-en-Chablais (Haute-Savoie), 1755, m.

P. s., signée aussi par SOUBRANY, MAIGNET, L. MARIBON-MONTAUT ; Metz, 4 juillet 1793, 1 p. in-4. *Rare.*

Certificat délivré au maître de poste de Metz par les représentants du peuple à l'armée de la Moselle.

**709.** GÉRARD-DESRIVIÈRES (Jacob), député de l'Orne, n. à Carrouges (Orne), 1751, m.

L. a. s. au président de la Convention ; 6 octobre 1792, 1 p. in-4. *Très rare.*

Belle lettre où il lui envoie « une soumission que je fais pour faire porter en vente le palais du cy-devant prince de Condé sous la dénomination du palais Bourbon. »

**710.** GORSAS (Antoine-Joseph), publiciste, député de

Seine-et-Oise, proscrit avec les Girondins, n. à Limoges, 1751, décapité le 7 octobre 1793.

1° *Le Visionnaire, fable en rimes redoublées*, pièce autographe, 2 p. 3/4 in-4.

2° P. a. s. 1 p. in-16 oblong. *Très rare.*

711. GOUJON (Jean-Marie-Claude-Alexandre), député de Seine-et-Oise, il siégea à la Convention en remplacement d'Hérault de Séchelles, compromis dans l'insurrection du 1er prairial an III, n. à Bourg (Ain), 1766, décapité le 16 juin 1795.

3 l. s., 1793-1794, 4 p. in-4.

712. GOUZY (Jean-Paul-Louis), député du Tarn, n. à Rabastens (Tarn), 1763, m. 1848.

L. s. à Gaudin ; Albi, 17 frimaire an VIII (8 décembre 1799), 1 p. 1/2 in-folio. *Rare.*

713. GRANGENEUVE (Jacques-Antoine Lafargue de), député des Bouches-du-Rhône, un des principaux girondins, n. à Bordeaux, 1751, décapité le 21 décembre 1793.

P. s., sig. aussi par *Guyton-Morveau* ; Paris, 9 mars 1793, 1 p. in-fol., vig., tête impr. et cachet.

Ampliation du décret accordant une mention honorable au citoyen Armand, doyen des huissiers de la Convention, qui a donné pour les frais de la guerre 25 livres en assignats.

714. GRÉGOIRE (Henri), abbé avant la Révolution, évêque constitutionnel de Loir-et-Cher, député de Loir-et-Cher, une des plus belles figures de la Révolution, n. 1750, m. 1831.

1° 4 l. a. s. ; 1790-1797, 4 p. in-4. Intéressant dossier.

2° P. s. par Lefebvre La Roche, Janot et Coulmiers, président et secrétaires du Corps législatif ; Paris, 7 nivôse an X (28 décembre 1801), 2 p. in-folio, tête et vignette imprimées, cachet collé.

Le citoyen Grégoire ayant été nommé membre du Sénat, ils certifient qu'il a donné sa démission de la place qu'il occupait au Corps législatif.

715. GRIMMER (Jean-Gothard), député du Bas-Rhin, n. à Strasbourg, 1749, m.

P. s., signée aussi par Bolot, Carelli et Servonat, membres du Comité des transports ; 25 messidor an III (13 juillet 1795), 1 p. in-folio.

716. GUADET (Marguerite-Elie), député de la Gironde, un
des chefs du parti girondin, n. à Saint-Emilion (Gironde), décapité le 15 juin 1794.

L. a. s. à son père ; (1793), 1 p. in-4. *Très rare.*

Très belle lettre dans laquelle il lui fait part de la naissance d'un fils.

717. GUADET (Marguerite-Elie).

L. a. s. de la VEUVE GENSONNÉ à Bosc ; Bordeaux, 16 floréal,
1 p. 1/2 in-4.

Elle le remercie pour l'ouvrage de Madame Roland, qu'il vient de lui
envoyer. « Quelle femme, quel esprit sublime et quelle grandeur d'âme,
comme elle dépeint les hommes, au moral comme au physique, quelle perte
que cette femme, faite pour honorer la France par son génie et ses vertus. »

718. GUCHAN (Pierre), député des Hautes-Pyrénées, n. à
Bagnères-de-Bigorre, 1757, m. 1828.

L. a. s. à Palloy ; Paris, 7 fructidor an III, 2 p. 1/2 in-4.
*Rare.*

Superbe pièce où il le remercie de la médaille qu'il lui a donnée.

719. GUILLERMIN (Claude-Nicolas), député de Saône-et-
Loire, m. 1793.

L. a. s. à Brisseau ; Port-Liberté (Port-Louis, Morbihan),
20 fructidor an IX (7 août 1801), 4 p. in-4.

720. GUYET-LAPRADE (Pierre-Jules), député du Lot-et-
Garonne, n. à Meilhan (Lot-et-Garonne), 1755,
m. 1826.

1o L. a. s. à Régnier ; Meilhan, 22 thermidor an XI (10 août
1803), 3 p. in-folio.

Superbe pièce écrite comme juge de paix du canton de Meilhan. Il expose
que les suppléants qui lui ont été donnés n'ont jamais rempli leurs fonctions
et il demande qu'on lui en donne d'autres.

2o P. a. s., 2 p. in-4.

C'est l'état des services de Guyet-Laprade, depuis le début de la Révolution
jusqu'en germinal an XII.

721. GUYTON DE MORVEAU (Louis-Bernard), célèbre
chimiste, député de la Côte-d'Or, un des créateurs de
l'Ecole polytechnique, n. 1737, m. 1816.

L. a. s. aux citoyens CUVIER, DELAMBRE et VILLARS, inspecteurs des études ; Paris, 22 nivôse an XI (13 janvier 1803),
2 p. 1/2 in-4.

Belle lettre relative à l'organisation du lycée de Lyon. Il recommande son
parent Jossinel pour l'obtention d'une place dans le dit lycée.

GIRARD (Aude)

GIRAUD (Allier)     GIRAUD (Ch.-Inf.)

GOUPILLEAU, de Fontenay. (Vendée)

GOUPILLEAU, de Montaigu. (Vendée)

GUÉRIN (Loiret)

GUYARDIN (Haute-Marne)

**722.** **HÉRAULT DE SÉCHELLES** (Marie-Jean), député de Seine-et-Oise, n. à Paris, 1760, décapité avec Danton le 5 avril 1794.

1º L. s. à Palloy ; Chambéry, 12 mars an II (1793), 1 p. in-4.

Il s'occupe de l'organisation du département du Mont-Blanc et lui conseille de s'adresser aux citoyens Grégoire et Jagot pour ce qui concerne le département des Alpes-Maritimes.

2º P. s. ; Colmar, 17 frimaire an II (7 décembre 1793), 1/2 p. in-folio, tête et vignette imprimées.

Il autorise le payeur-général du département du Haut-Rhin à verser la somme de 2.000 francs pour les frais de la fête de la Raison, qui sera célébrée à Colmar, le 16 frimaire.

3º P. s. ; Colmar, quartidi brumaire, 2e décade an II (4 novembre 1793), 1 p. in-4.

Réquisition d'avoine pour la nourriture des chevaux.

**723.** **HUGUET** (Marc-Antoine), évêque constitutionnel de Creuse, député du même département à la Convention, n. à Moissac (Cantal), 1757, fusillé à Paris le 9 octobre 1796, pour sa participation à la conspiration jacobine du camp de Grenelle.

L. a. s. à Faypoult ; (frimaire an IV), 1 p. in-folio.

Il demande une place d'inspecteur général des postes. Sa demande est apostillée par BORDAS, BRIVAL, GUINEAU, CHARLES-DUVAL, TEXIER, et...

**724.** **ISNARD** (Maximin), député du Var, proscrit avec les girondins, n. 1751, m. 1830.

1º P. s., signée aussi par L.-B. GUYTON, JULIEN (de Toulouse), CHARLIER et MALLARMÉ, secrétaires de la Convention ; 1er mars 1793, 1 p. in-folio, tête et vignette imprimées.

Extrait du procès-verbal de la Convention. L'Assemblée a passé à l'ordre du jour sur une demande de la commune de Fremignières (district de Prades), demandant l'établissement de deux foires par an. « D'après la déclaration des droits de l'homme il est permis à tous les citoyens de se réunir en quelque lieu que ce soit pour vendre et acheter, sous la surveillance des magistrats chargés du maintien de police. »

2º L. s. à Gaudin ; Paris, 10 vendémiaire an XIII (2 octobre 1804), 1 p. in-folio.

Il demande la place du général Carteaux dans l'administration de la Loterie nationale.

3º P. s., comme receveur particulier du département du Var ; Grasse, 8 juillet 1808, 1 p. in-4, tête et vignette imprimées.

Certificat pour un habitant de Grasse.

**725.** **JAVOGUES** (Claude), député de Rhône-et-Loire,

JACOB (Meurthe)

JOURDAN (Nievre)

JULIEN (Haute-Garonne)

JULLIEN DUBOIS (Orne)

JULLIEN (Drôme)

LACOMBE (Aveyron)

LACOMBE St MICHEL (Tarn)

compromis dans l'insurrection du camp de Grenelle, fusillé le 9 octobre 1796.

Apostille signée, écrite et signée par S. DE LA PORTE ; quartier-général de la Pape, 22 août 1793, 1 p. in-folio.

**726.** JEANBON SAINT-ANDRÉ (André), ministre protestant, député du Lot, organisateur de la marine républicaine, n. à Montauban, 1749, m. 1813.

L. a. s., comme préfet du département de Mont-Tonnerre, au directeur des ponts et chaussées ; Mayence, 17 mars 1808, 2 p. in-4. *Superbe pièce.*

**727.** JORRAND (Louis), député de la Creuse, n. 1756, m. 1845.

L. a. s. au directoire du département de Paris, 2 p. in-4. *Rare.*

Il appuie la demande de l'héritier d'un prêtre, François Vareille, qui fut une des victimes des massacres de Septembre.

**728.** KERVELEGAN (Augustin-Bernard-François LE GOAZRE de), député du Finistère, ami des Girondins avec lesquels il fut proscrit, n. 1748, m. 1825.

L. a. s. ; 27 nivôse an V (16 janvier 1797), 1/2 p. in-4.

Il demande l'expédition d'un brevet de capitaine pour le citoyen Deleissegue, promu sur le champ de bataille par le général Kleber.

**729.** LAKANAL (Joseph), député de l'Ariège, un des réformateurs de l'instruction publique et des créateurs de l'Institut, n. 1762, m. 1845.

L. a. s. (à Bernardin de Saint-Pierre) ; (sans date), Villarceaux, par Magny (Seine-et-Oise), 4 p. in-4.

TRÈS CURIEUSE LETTRE. Il lui rappelle que leurs relations se sont rompues après la demande faite par Lakanal d'une petite somme d'argent destinée à obliger un homme de lettres dans le besoin. Bernardin de Saint-Pierre crut à une supercherie, ce dont Lakanal tient à se disculper. Le prêt était pour obliger Saint-Ange, qui est d'ailleurs, un admirateur de Bernardin de Saint-Pierre. « Retiré dans un hermitage charmant, au sein de votre patrie, placé au-dessus de tous les besoins de la vie par une fortune honnête, entouré de bonnes gens qui m'aiment, parceque je leur fais tout le bien que je peux, muni de quelques bons livres et d'un plus grand nombre d'arbres fruitiers de plantes et de collections de graines, il ne manque à mon bonheur que d'être aimé de vous et de vous recevoir dans ma retraite. »

**730.** LAKANAL (Joseph).

L. a. s. à Santerre, notaire à Magny ; Paris, 12 nivôse an X (2 janvier 1802), 1 p. 1/2 in-4.

Belle lettre relative à la vente de sa terre de Villarceaux.

**731.** LAKANAL (Joseph).

Recueil de manuscrits autographes contenant ses rapports à la Convention, 100 p. in-4, réunies dans un volume relié.

PRÉCIEUX VOLUME qui contient les minutes des rapports de Lakanal sur l'organisation des écoles primaires et sur l'établissement des écoles normales. Lakanal étant considéré comme un des fondateurs de l'enseignement moderne, les manuscrits de ses rapports peuvent être regardés comme de vraies reliques, dignes d'être conservées dans un établissement d'instruction.

**732.** LANTHENAS (François), député de Rhône-et-Loire, girondin, ami de Madame Roland, n. 1740, m. 1799.

L. a. s. au cit. Chéry ; 24 vendémiaire an IV, 1 p. in-8. Un peu jaunie.

**733.** LA REVELLIERE-LÉPEAUX (Louis-Marie de), député de Maine-et-Loire, directeur, n. à Montaigu (Vendée), 1753, m. 1824.

L. a. s. *L.-M. Revelliere-Lépeaux, député à la Convention nationale*, aux membres de la Commission des secours publics ; Paris, 27 prairial an III (15 juin 1795), 3/4 de p. in-4. *Belle pièce.*

**734.** LASOURCE (Marie-David-Albin), ministre protestant, député du Tarn, ami des girondins, dont il subit le sort, n. 1762, décapité le 31 octobre 1793.

L. a. s. aux membres du Comité de salut public ; Paris, 26 juin an II (1793), 1 p. 1/2 in-4. *Rare. (Coll. Dubrunfaut).*

PIÈCE HISTORIQUE où il déclare qu'il n'a pas quitté Paris, qu'il est prêt à comparaître devant tous les tribunaux de la terre pour y confondre ses calomniateurs, et qu'il reconnaît dans la Convention nationale le droit de l'accuser et de le traduire devant un tribunal, mais non celui de le dépouiller de sa qualité de représentant du peuple.

**735.** LASOURCE (Marie-David-Albin).

L. s., signée aussi par ALQUIER, INGRAND et GARNIER, membres du Comité de sûreté générale, à BEURNONVILLE ; Paris, 30 mars 1793, 1 p. in-folio.

Ils attirent son attention sur une lettre du Conseil général de la commune de Maubeuge, qui signale le grand danger couru par leur ville.

**736.** LE BAS (Philippe-François-Joseph), député du Pas-de-Calais, ami de Robespierre, membre du Comité de sûreté générale, n. 1765, m. par suicide le 28 juillet 1794.

L. a. s. à CAMILLE DESMOULINS ; Paris, 25 mai an II, 1/2 p. in-4. *Rare. (Coll. Dubrunfaut).*

Très belle lettre où il le félicite de son histoire des Brissotins. Il désire propager ce livre et lui en demande à cet effet un ou deux exemplaires.

**737.** LE BON (Joseph), oratorien, député du Pas-de-Calais, fameux par sa mission à Arras, n. 1766, décapité à Amiens le 14 octobre 1795.

Pièce aut. ; Boulogne-sur-Mer, 24 août an II (1793), 4 p. in-4.

PRÉCIEUSE PIÈCE. Proclamation aux habitants d'Abbeville, pour les exciter contre les suspects. « Quoi ! Vous voudriez la Liberté et vous ne la voudriez pas ! Vous vous armeriez contre les aristocrates de l'extérieur, et vous laisseriez cette peste dans vos murs ! Ah ! ceux qui ont provoqué la prétendue délibération du... ne sont pas les mêmes qui ont applaudi à nos principes et à notre fermeté. Ils tramaient de nouveaux complots dans l'ombre, tandis que par nos discours nous nous enflammons mutuellement pour la défense de la Patrie. »

**738.** LE BON (Joseph).

L. a. s. au Comité de salut public ; Arras, 19 germinal an II (8 avril 1794), 3 p. 1/4 in-4.

Il rend compte de ses travaux révolutionnaires. Les conspirateurs trouvent devant le tribunal une mort prompte et certaine. Il a relevé le cœur des patriotes qu'on avait essayé de corrompre. Il les a ralliés contre les distributeurs de dîners, de cadeaux ou de louanges, qui voulaient en faire des Danton et des Chabot. Vingt conspirateurs, parmi lesquels sept nobles et six ex-chanoines, ont été condamnés à la peine de mort.

**739.** LE BON (Joseph).

L. a. s. au comité de législation ; de la Conciergerie d'Amiens, 3 vendémiaire an IV (25 septembre 1795), 2 p. 1/2 in-4.

Il se plaint de voir encore suspendre son jugement par suite d'un décret qui frappe le président du tribunal devant lequel l'a envoyé la Convention. Il n'a pas de défenseur, et se récrie sur ce qu'on le traite moins bien que les assassins de septembre et qu'on l'abandonne à la rigueur des lois, après quatorze mois d'opprobres gratuits dont on l'a couvert. Il prétend qu'il va être jugé par des parents d'émigrés.

**740.** LE BON (Joseph).

1º P. s. par GUYOMAR, COURTOIS et LOMONT ; 23 messidor an III, 3/4 de p. in-fol. (*Coll. Lucas de Montigny*).

PIÈCE HISTORIQUE. Ordre au concierge de la maison de Justice du palais de recevoir Joseph Le Bon, décrété cette nuit d'accusation.

2º 6 pièces originales concernant l'arrestation et le procès de Joseph Le Bon. *Important dossier*.

**741.** LE PELETIER DE SAINT-FARGEAU (Louis-Michel), député de l'Yonne, n. 1760, assassiné par Paris le 20 janvier 1793.

P. s. trois fois ; Paris, 15 septembre 1783, 7 p. in-folio.

CURIEUX DOCUMENT PARISIEN. C'est la vente faite par Le Peletier de son parc de Ménilmontant au sieur Moisy, pour la somme 300.000 livres.

**742.** LE PELETIER DE SAINT-FARGEAU (Louis-Michel),

L. a. s. (à l'avocat Vermeil) ; (1790), 1 p. in-4. *Peu commun.*

Il le remercie pour l'envoi d'un de ses ouvrages.

**743.** LE PELETIER DE SAINT-FARGEAU (Louis-Michel),

P. a. s. de BASIRE, signée aussi par BERNARD, TALLIEN, INGRAND, RUAMPS, MARIBON-MONTAUT et LEGENDRE, membres du Comité de sûreté générale ; Paris, 27 janvier 1793, 1 p. in-4, cachet.

Ordre de conduire à l'Abbaye les nommés J.-L.-F. de Paul de Saint et G.-M. de Saint, dit Lamothe, prévenus de complicité dans l'affaire du meurtre de Le Peletier. — On a joint cinq décrets imprimés de la Convention concernant le signalement de Paris, d'adoption de la fille de Michel de Le Peletier, les honneurs du Panthéon et les funérailles de Le Peletier.

**744.** LEQUINIO (Joseph-Marie), député du Morbihan, n. 1740, m. 1813.

2 l. a. s., dont une signée aussi par S.-P. LEJEUNE (de l'Indre) et l'autre signée par COLLOT D'HERBOIS, ISORÉ et S.-P. LEJEUNE, représentants dans l'Aisne et l'Oise, à la Convention ; Soissons, 3 et 28 août 1793, 5 p. in-4.

Très intéressantes lettres relatives à l'envoi des subsistances à Paris. « Nous nous sommes rendus à Senlis où nous avons pris avec l'administration du district les mesures propres à faire sortir de chez les laboureurs avides ou méfiants le bled qu'ils cachent pour ne point le donner pour des assignats ou pour ne le donner qu'à un prix excessif. » Très importants détails sur les mesures prises pour assurer l'approvisionnement de Paris.

**745.** LEQUINIO (Joseph-Marie).

L. a. s. au Comité de salut public ; Paris, 17 germinal an II (6 avril 1794), 4 p. in-folio.

Curieuse lettre où il insiste sur la nécessité de « répandre l'esprit public dans les campagnes » et particulièrement dans les 5 départements de la ci-devant Bretagne. Le remède serait d'envoyer des représentants parcourir les diverses campagnes de la République. « Le caractère et la puissance de représentant sont nécessaire au plein succès de cette mission, mais cela ne suffit pas encore, il faut que ces représentants sachent écrire et parler et surtout écrire et parler le langage des chaumierres. » Curieux détails.

**746.** LINDET (Robert), député de l'Eure, ministre des finances, n. 1755, m. 1825.

L. a. s. à un membre du Directoire ; Caen, 4 floréal an VI (28 avril 1798), 1 p. 1/2 in-4.

Il est sur le point d'épouser la fille du citoyen qui lui a donné asile, et n'ayant point de fortune, il demande une place de commissaire auprès du Directoire.

**747.** LOUCHET (Louis), député de l'Aveyron, qui, le premier, demanda la mise en accusation de Robespierre, n. à Longpré (Somme), 1753, m. 1815.

1° Apostille aut. sig., signée aussi par SAINT-MARTIN-VA-

LOGNE, ROUS et BERNARD (de l'Aveyron); 1<sup>er</sup> fructidor an III (18 août 1795), 3 p. in-4.

2<sup>o</sup> P. s. signée par BLUTEL ; 29 thermidor, 1 p. in-folio.

Extrait d'une délibération du Comité de sureté générale.

3<sup>o</sup> P. s., signée aussi par BOUCHEREAU ; 22 vendémiaire, 1 p. in-4.

**748. LOUVET** (Jean-Baptiste), député du Loiret, célèbre écrivain, auteur de *Faublas*, n. 1760, m. 1797.

L. a. s., sig. aussi par un grand nombre de citoyens de la section des Lombards, aux législateurs ; (1792), 3 p. in-fol. *Rare.*

IMPORTANT DOCUMENT HISTORIQUE. Adresse rédigée par Louvet, pour dénoncer à l'indignation publique une pétition de quelques administrateurs de Paris réclamant contre le décret touchant les prêtres séditieux. « Vous législateurs, nous l'espérons de l'énergie que déjà vous avez montrée, vous, calmes au milieu de ce grand orage, inébranlables à votre poste, fut-il entouré de ruines, les yeux invariablement fixés sur la Constitution jurée, vous péririez tous plutôt que de souffrir qu'il y fut porté la plus légère atteinte. Nous cependant pour le maintien de nos saintes lois nous volerons aux Thermopyles, mais nous y serons plus de trois cents. »

**749. MANUEL** (Pierre-Louis), écrivain, procureur de la commune de Paris, député de Paris, n. à Montargis, 1751, décapité le 14 novembre 1793.

1<sup>o</sup> L. s. ; Paris, 6 février 1790, 2 p. in-folio, tête et vignette imprimées.

Intéressant document où il précise le sens de l'ordonnance concernant la police des hôtels garnis.

2<sup>o</sup> L. a. s., signée aussi par DU PORT DU TERTRE et LE SCÈNE DES MAISONS, administrateurs de la police à l'Assemblée nationale ; Hôtel de la Mairie, 11 février 1790, 2 p. in-folio.

CURIEUSE LETTRE, où ils demandent à l'Assemblée nationale de confirmer au comte Cassini le privilége de la carte de France. « Cependant, Messieurs, comme un peuple libre ne voit dans les priviléges que des spéculations mercantiles, il faut à une administration qui ménage l'opinion, sinon des décrets, du moins le vœu du comité qui les prépare. »

3<sup>o</sup> L. s., avec deux lignes aut., aux administrateurs des domaines nationaux ; Paris, 8 octobre 1792, 1 p. in-4, tête et vignette imprimées.

Il leur envoie la soumission du citoyen Girard des Rivières pour l'acquisition du Palais-Bourbon. « J'invite mes collègues à ne point perdre de temps. La vente du palais Bourbon sera d'un bon exemple. »

4<sup>o</sup> L. a. s. à BRISSOT ; Paris, 1 p. in-4, tête et vignette imprimées.

Il le prie d'accorder satisfaction à des envoyés extraordinaires de Lorraine, qui ont été offensés par un passage de son journal. « Fiez-vous à moi pour calmer des provinciaux sensibles et fiers qui se blessent d'un rien. »

J.-B. Lacoste (Cantal)

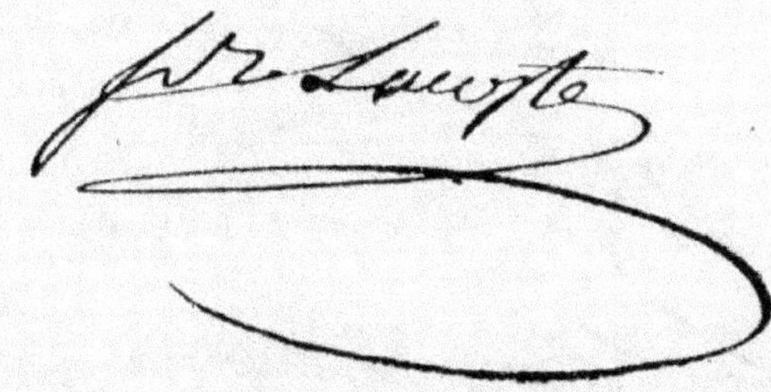

Lacoste (Dordogne)

P.-A. Laloy (Haute-Marne)

Laporte (Haut-Rhin)]

Laurent (Lot-et-Garonne)

LAURENT (Bas-Rhin)

LEBLANC (Bouches-du-Rhône)

LE CLERC (Loir-et-Cher)

LECLERC (Maine-et-Loire)

LEFEBVRE (Seine-Inférieure)

LEGENDRE (Nièvre)

LEGENDRE (Paris)

LEJEUNE (Indre)

LEMOINE (Calvados)

LEMOINE (Manche)

LE TOURNEUR (Sarthe)

Le Tourneur (Manche)

Le Vasseur (Meurthe)

Levasseur (Sarthe)

R. Lindet (Eure)

T. Lindet (Eure)

Lomont (Calvados)

J.-B. Louvet (Loiret)

Louvet (Somme)

Mailly (Saône-et-Loire)

**750.** MARAT (Jean-Paul), dit l'*Ami du peuple*, fameux publiciste, député de Paris, n. 1743, assassiné par Charlotte Corday le 13 juillet 1793.

L. a. s. à M. de Saint-Laurent, à Madrid ; Paris, 19 juin 1783, 3 p. in-8. *Rare.*

Intéressante lettre toute relative à son établissement en Espagne. Il consacre une partie de son temps à l'étude de la langue espagnole. « Je vais m'occuper de M. Mesmer, et vous en rendrai bon compte. Mais ce n'est pas l'affaire du moment. Vous savés combien j'aime à examiner les choses et à les examiner avec soin avant de me prononcer. »

**751.** MARAT (Jean-Paul).

P. a. s. *Marat, l'ami du peuple et docteur en médecine* ; Passy, 28 janvier 1790, 2 p. 1/2 in-4.

PRÉCIEUSE PIÈCE. Il donne pouvoir à M. Quinquet-Demonjour, procureur au Parlement, pour le représenter à la levée des scellés apposés dans son appartement. Il donne le détail des papiers qui sont contenus dans différents meubles : « Comme le dernier attentat du Châtelet contre ma personne, mes presses et mes écrits, est venu à la suite de ma dénonciation de M. Necker ; je ne saurais prêter aux ennemis de l'État d'autres motifs que ceux de m'ôter les moyens de continuer à servir la Patrie, en me privant de la liberté. »

**752.** MARAT (Jean-Paul).

*Recherches physiques sur le feu*, un volume de 200 p. in-16, avec planches hors texte. Le titre manque.

PRÉCIEUX OUVRAGE dont Marat est l'auteur. Il est couvert de corrections et d'additions autographes.

**753.** MARAT (document sur Jean-Paul).

P. s. par BERNARD, secrétaire de l'Assemblée électorale de Paris ; 9 septembre 1792, 1 p. in-folio.

Intéressant document. Procès-verbal de l'élection de Marat, comme député de Paris à la Convention nationale.

**754.** MARAT (Mort de).

1º P. a. s. de DESCHAMPS, le célèbre chirurgien ; Paris, 14 juillet 1793, 2 p. in-4.

C'est le procès-verbal de l'ouverture du corps de Marat.

2º L. a. s. de DESCHAMPS aux membres de la commune de Paris ; 17 juillet 1793, 3 p. in-4.

Il leur rend compte des opérations de l'embaumement du corps de Marat.

3º P. aut. de J.-L. DAVID, le grand peintre, 1 p. in-4.

TRÈS CURIEUX DOCUMENT. C'est la minute d'une lettre à la Commune de Paris, qui lui avait commandé un dessin représentant Marat mort, dans sa baignoire. David représente que l'état de putréfaction du corps n'a pas permis qu'on le porte dans la baignoire ; on a dû mettre le corps de Marat dans un linge, qu'on arrosait de temps à autre. Détails sur l'ordonnance des obsèques.

**755. MARAT (Jean-Paul). — *Assassinat de Marat*.**

1o Prétendu billet de MARAT, que celui-ci aurait adressé à l'espagnol Guzman, au moment où il venait de recevoir le coup mortel ; (sans date), 1 p. in-18 oblong. — A la pièce sont fixés, avec une épingle, un morceau de crêpe noir, et une enveloppe de lettre, d'une écriture toute différente, ainsi conçue : *Au sitoien, citoien Gusment an son autelle rut neufe des Mathurins, no 56.*

Guzman était un Espagnol enthousiaste de la liberté, qui, réfugié en France, s'y fit remarquer par son exaltation révolutionnaire. Le Comité de salut public le fit arrêter, comme agent de l'étranger. Guzman, s'étant trouvé compromis dans l'affaire de Danton, Camille Desmoulins et autres, il fut condamné en même temps qu'eux et envoyé à la mort. — Le prétendu billet de Marat est renfermé dans une chemise avec une note autographe de M. Villenave, où il est dit que Guzman avait porté cette *relique* sur son cœur jusqu'à sa mort, et qu'avant de monter sur l'échafaud, il l'avait donnée à l'ex-moine Gallais, son ami, pour qu'elle ne fût pas profanée.

2o L. a. s. de PACHE, maire de Paris, à Hanriot ; 13 juillet 1793, à minuit, 1 p. pl. in-4, cachet.

Le Comité de salut public pense qu'il faut avoir demain une forte réserve, composée de deux ou trois sections armées. Les citoyens qui quitteront ainsi leurs occupations recevront une solde de 40 sous jour. « J'estime qu'il faut commencer par requérir les faubourgs Saint-Antoine et Saint-Marceau... Il paraît qu'il serait convenable que la réserve soit formée sans bruit... Je vous ai attendu au Comité de salut public. »

3o L. a. s. de PACHE à Hanriot ; 14 juillet 1793 (le matin), 2 p. in-4.

Le ministre de l'intérieur lui fait passer l'avis que des malveillants doivent se porter à l'Abbaye et au Temple. Invitation à tenir tous les postes bien garnis. « Je vous prie d'y donner tous vos soins et de prendre pour y parvenir, tous les moyens qui sont en votre pouvoir. Donnez, si vous le jugez convenable, plus d'extension à la réquisition sur laquelle je vous ai écrit cette nuit et pour laquelle on donne la solde de 40 sous... »

4o L. a. s. de PACHE à Hanriot ; 14 juillet 1793, 1/2 p. in-4.

On lui mande qu'il se rassemble beaucoup de monde devant la maison de Marat. « Je vous prie d'y envoyer des patrouilles pour y maintenir la tranquilité. »

5o L. a. s. de PACHE à Hanriot ; 17 juillet 1793, à cinq heures et quart, 1/2 p. in-4.

On lui annonce que le jugement contre l'assassin de Marat vient d'être rendu et qu'il va être mis à exécution. « Je vous prie de faire sur-le-champ les dispositions pour que des patrouilles nombreuses assurent la tranquilité. »

6o L. a. s. de PACHE à Hanriot ; 17 juillet 1793, 1 p. in-4.

On lui fait part que *des patriotes égarés pourraient se porter à des excès contre l'assassin de Marat*, et il prie instamment Hanriot de prendre toutes les précautions pour que le jugement du tribunal soit exécuté comme il doit l'être, « et que le Parisien se manifeste dans le calme et la tranquilité qui l'ont distingué jusqu'à ce moment au milieu de toutes les occasions que des scélérats lui ont fournies d'en sortir. »

**756.** MARAT (Jean-Paul). — *Inauguration des bustes de Marat et de Le Peletier.*

86 pièces originales, la plupart adressées à Palloy ; (1793), 86 p. in-4.

Curieuses pièces relatives à l'inauguration des bustes de Marat et de Le Peletier dans trente sections, au théâtre de Molière, dit des Sans-Culottes, à la manufacture des Gobelins, à l'Ecole nationale de dessin, à la Trésorerie nationale, au bureau de comptabilité, à la Société des patriotes de l'un et de l'autre sexe et à la Société populaire des amis de la liberté.

**757.** MARAT (Document sur Jean-Paul).

P. a. s. *veuve Marat* pas Simonne Evrard ; Paris, 25 germinal an III (14 avril 1795), 1/2 p. in-4.

Reçu des cases et des effets que le citoyen Lavergne (Dubois de Laverne, chef du matériel de l'Imprimerie nationale) restait lui devoir.

**758.** MAURE (Nicolas), député de l'Yonne, ami de Marat et de Robespierre, compromis dans l'insurrection de prairial, m. par suicide le 4 juin 1795.

L. a. s. à l'imprimeur Lebois ; Paris, 8 pluviôse an III (27 janvier 1795), 1 p. 3/4 in-fol., tête et vignette imprimées. (*Coll. Dubrunfaut*).

Lettre des plus curieuses où il fait l'éloge de l'*Ami du peuple*, le journal de Marat, et où il transcrit le texte des paroles qu'il a prononcées à la Convention lorsque les élèves de l'Ecole normale sont venus féliciter l'Assemblée.

**759.** MERLIN, de Douai, (Philippe-Antoine), député du Nord, membre du Comité de salut public, ministre de la justice, directeur après le 18 fructidor, grand jurisconsulte, n. 1754, m. 1838.

L. a. s. à son collègue Berlier ; 19 fructidor an II (5 septembre 1794), 1 p. in-4.

Il lui recommande le cas des citoyennes Dubuisson, de Valenciennes, qui possèdent des pièces d'argenterie servant au culte. Ces pièces viennent d'une chapelle particulière où le père des demoiselles Dubuisson entendait la messe. Ces demoiselles sont poursuivies avec les détrousseurs d'églises, alors qu'elles n'ont fait que conserver ce qui leur appartenait. Merlin demande à son collègue Berlier de prendre la défense des demoiselles Dubuisson.

**760.** MERLIN, de Douai, (Philippe-Antoine).

L. a. s. à Napoléon Ier ; Paris, 15 nivôse an XIII (5 janvier 1805), 2 p. in-folio.

Superbe pièce où il demande à l'Empereur sa protection spéciale pour son gendre Alexandre d'Hambersart, inspecteur de l'enregistrement et du domaine à Dunkerque. « Son père, lui et moi sommes dévoués sans réserve à Votre Majesté, si j'ai trop présumé de votre indulgence, en vous adressant une pareille demande Votre Majesté daignera me le pardonner en faveur du zèle qui nous anime tous pour la prospérité et la gloire de votre empire. »

**761.** MERLIN, de Thionville, (Antoine-Christophe), député de l'Aisne à la Convention, héroïque défenseur de Mayence contre les Prussiens, n. 1762, m. 1833.

L. a. s. aux directeurs ; 21 thermidor an VI, 1 p. 1/2 in-fol.

Très curieuse épître où il se plaint de Turreau qui persécute un de ses frères. (La pièce porte en marge une apostille de son homonyme Merlin, de Douai.)

**762.** MERLIN, de Thionville, (Antoine-Christophe).

2 l. a. s., 2 p. in-4.

L'une de ces lettres est écrite pendant sa mission à l'armée du Rhin. Il annonce la réception d'une lettre de M. de Hardenberg, demandant une suspension d'armes pour l'Empire. Avant de faire réponse il espère qu'on aura pris Dusseldorf et Mannheim. « Si le Rhin, enflé par la fonte des neiges de la Suisse, reprend son lit dans quelques jours, le Rhin répétera sur toute sa rive, depuis Dusseldorff jusqu'en Suisse les coups de la foudre que nous sommes prêts à lancer. »

**763.** PAINE (Thomas), célèbre publiciste anglais, député du Pas-de-Calais, n. 1737, m. 1809.

L. s., en français, au président de la Convention ; Paris, 27 octobre 1792, 1 p. in-4.

Il lui présente, au nom des députés du département du Pas-de-Calais, les félicitations du Conseil général de la commune de Calais, sur l'abolition de la royauté. « Au milieu de la joie qu'inspire cet événement, l'on ne peut s'empêcher de gémir sur la folie de nos ancêtres, qui nous a mis dans la nécessité de traiter solennellement l'abolition d'un phantôme. »

**764.** PAINE (Thomas).

L. a. s. en anglais ; Paris, 28 frimaire, 1 p. in-4. Tachée. *Rare. (Coll. Dubrunfaut).*

**765.** PÉTION (Jérôme), maire de Paris, député d'Eure-et-Loir, un des principaux girondins, n. à Chartres, 1753, m. le 20 juin 1794.

1° L. a. s. à M. Lécuyer ; 16 mai an IV de la Liberté (1792), 1 p. in-4.

2° L. a s. à Dumouriez ; 2 octobre l'an I<sup>er</sup> de la République, 1/2 p. in-4.

Il le félicite sur un mémoire, qui lui a beaucoup plu.

**766.** PÉTION (Documents sur Jérôme).

1° L. s. à la section des Gobelins ; 18 juillet 1792, 1/2 p. in-folio.

Il remercie les membres de la section de l'intérêt qu'ils ont pris aux persécutions qu'il a éprouvées. (Suspendu de ses fonctions de maire le 6 juillet, il avait été rétabli le 13).

MERLIN, DE THIONVILLE (Moselle).

MERLIN, DE DOUAI (Nord)

MONESTIER (Puy-de-Dôme)

MONESTIER (Lozère)

MOREAU (Meuse)

MOREAU (Saône-et-Loire)

CH. POTTIER (Indre-et-Loire)

2º L. a. s. de DÉMEUNIER, membre du Directoire du département de Paris, à ses collègues; 15 juillet 1792, 1 p. in-4.

La haine ou les cris des mauvais citoyens n'ont pu affaiblir son zèle pendant 40 mois, mais, ne pouvant plus servir la chose publique dans le Conseil, il donne sa démission. (Démeunier avait été un des plus ardents à exploiter les événements du 20 juin contre le parti populaire. L'impuissance de ses effets, la levée de la suspension du maire de Paris, étaient les raisons de sa démission).

3º L. s. de PÉTION à « MM. des travaux publics »; Paris, 25 juillet 1792, 1/2 p. in-folio.

Il leur explique que les pièces qu'ils lui soumettent datent de l'époque de sa suspension et qu'il ne peut les signer.

## 767. PHILIPPEAUX (Pierre), député de la Sarthe, ami de Danton, n. 1750, décapité le 5 avril 1794.

L. a. s. (à ROBESPIERRE); Paris, 8 frimaire an II (28 novembre 1793), 1/2 p. in-4. *Rare.* (*Coll. Dubrunfaut*).

Superbe lettre où il lui témoigne son admiration pour le discours qu'il vient de prononcer aux Jacobins contre l'*athéisme.* «... Tu as vu, par mon rapport sur la Vendée, que je ne suis pas un flagorneur; mais l'hommage dû à la probité, aux vertus philanthopiques, est un besoin de mon cœur. Je t'envoye l'essay d'un catéchisme moral et religieux que je te prie de lire; c'est l'ouvrage du sentiment. Juge-le et dis-moy franchement si je dois le continuer comme j'en ai le désir. »

## 768. PHILIPPEAUX (Pierre).

1º L. s., avec quelques mots aut., au Comité de salut public; Paris, 6 frimaire an II (26 novembre 1793), 1 p. in-folio.

Il les prie d'examiner un projet touchant aux subsistances.

2º L. a. s. de la VEUVE DE PHILIPPEAUX à MADAME DUPLESSIS, belle-mère de C. Desmoulins; 12 vendémiaire an IV, (3 octobre 1795) 1 p. in-4.

## 769. PRIEUR, de la Côte-d'Or, (Claude-Antoine), officier du génie, député de la Côte-d'Or, zélé collaborateur de Carnot, n. à Auxonne (Côte-d'Or), 1763, m. 1832.

L. a. s., signée aussi par CARNOT et THURIOT DE LA ROSIÈRE, à Bouchotte; Paris, 11 août (1793), 11 heures 1/2 du matin, 1/2 p. in-4. (*Coll. A. Bovet*).

Ils l'invitent à leur faire savoir si le général Chancel est parti pour sa nouvelle destination et à quelle heure. — Dans une note, écrite sur la pièce, Bouchotte répond qu'il a vu à 4 heures du matin, le général Chancel qui attendait le citoyen Drouet et qu'il lui a donné l'ordre de partir immédiatement. (Tous deux partaient pour l'armée du Nord, dont le commandant, depuis la veille, était le général Houchard. Drouet fut fait prisonnier en voulant forcer l'investissement de Maubeuge et le général Chancel fut condamné à mort et exécuté, le 6 mars 1794, pour avoir été cause de l'inaction de la garnison de Maubeuge. »

## 770. PRIEUR, de la Marne, (Pierre-Louis), député de la Marne, n. 1760, m. 1827.

PRIEUR (Côte-d'Or)

PRIEUR (Marne)

RABAUT-POMIER (Gard)

RABAUT St-ETIENNE (Aube)

ROBERT (Ardennes)

ROBERT (Paris)

ROBESPIERRE *aîné* (Paris)

ROBESPIERRE *jeune* (Paris)

ROUX (Haute-Marne)

1° P. a. s., signée aussi par Le Cointre et G. Romme ; Bayeux, 17 mai 1793, 3/4 de p. in-folio.

2° L. a. s. à Julien, inspecteur aux revues ; Paris, 20 brumaire an XIII (11 novembre 1804), 1 p. in-8.

**771. RABAUT SAINT-ETIENNE (Jean-Paul)**, célèbre écrivain, député de l'Aube, n. 1743, décapité le 5 décembre 1793.

1° P. s. comme président de la Convention, signée aussi par Cambacérès et Lesage (d'Eure-et-Loir), secrétaires ; Paris, 25 janvier 1793, 3/4 de p. in-folio.

Passe-port pour leur collègue Le Tourneur, qui se rend dans les départements maritimes.

2° P. s. ; Paris, 27 février 1793, 1 p. in-4 oblong.

**772. REUBELL (Jean-François)**, député du Haut-Rhin, directeur, n. à Colmar (Haut-Rhin), 1747, m. 1807.

1° L. a., signée R. à Rivaud, ambassadeur à Milan.

Note sur le citoyen Hermite, qu'il représenté comme un hypocrite et un faux patriote.

2° L. a. s. à Rapinat ; 16 ventôse an XIII (7 mars 1805), 1 p. in-8.

**773. ROBESPIERRE (Maximilien de)**, célèbre conventionnel, chef du Comité de salut public, n. à Arras, 1758, décapité le 28 juillet 1794.

L. a. s. à un ami ; Carvin, 12 juin 1783, 3 p. 1/2 in-4. Tachée d'humidité. (*Coll. Dancoisne*).

Précieuse lettre signée de *Robespierre*. Il rend compte à son ami d'un voyage qu'il vient de faire d'Arras à Carvin. Voici un passage de cette piquante relation : « Il étoit 5 heures du matin, quand nous partimes. Le char qui nous porcoit, sortoit des portes de la ville précisément au même instant où celui du soleil s'élancoit du sein de l'Océan. Il étoit orné d'un drap d'une blancheur éclatante, dont une partie flottoit abandonnée au souffle des zéphirs. C'est ainsi que nous partimes en triomphe devant l'Aubette des commis. Vous jugez bien que je ne manquai pas de tourner mes regards de ce côté. Je voulois voir si les argus de la ferme ne démentiroient pas leur antique réputation d'honnêteté. Moi même animé d'une noble émulation, j'osai prétendre à la gloire de les vaincre en politesse, s'il étoit possible. Je me penchai sur le bord de la voiture, et ôtant un chapeau neuf qui couvroit ma tête, je les saluai avec un sourire gracieux. Je comptois sur un juste retour. Le croirez-vous ? Ces commis, immobiles comme des termes à l'entrée de leur cabane, me regardèrent d'un œil fixe sans me rendre le salut. J'ai toujours eu infiniment d'amour-propre. Cette marque de mépris me blessa jusqu'au vif et me donna pour le reste du jour une humeur insupportable. » Il raconte ensuite sa visite à Lens, où il n'a pas manqué d'aller à l'hôtel de ville. A Carvin, il a été accueilli à merveille. Depuis samedi, il mange de la tarte à l'envi. Il consacre à ces tartes excellentes des vers, dont voici un spécimen :

 « Je te rends grâce, ô toi, qui d'une main habile,
 « Façonnant le premier une patte docile,

« Présentas aux mortels ce mets délicieux.
« Mais ont-ils reconnu le bienfait précieux ?
« De tes divins talents consacrant la mémoire,
« Leur zèle a-t-il dressé des autels à ta gloire ? »

Il continue ensuite à narrer ses exploits et il exprime le désir de retourner bientôt à Arras. « Nous nous reverrons avec la même satisfaction qu'Ulisse et Télémaque après vingt ans d'absence. » — (Cette lettre est, comme on le voit, une curiosité de premier ordre, elle a été payée 600 francs à la vente Dancoisne, le 12 mai 1886).

## 774. ROBESPIERRE (Maximilien de).

P. s,, signée aussi par CARNOT, COLLOT-D'HERBOIS, BILLAUD-VARENNE et C.-A. PRIEUR, membres du Comité de salut public ; 29 floréal an II (18 mai 1794, 1 p. in-folio.

## 775. ROBESPIERRE (Maximilien de).

P. a. s. signée aussi par BILLAUD-VARENNE, COLLOT-D'HERBOIS et BARÈRE ; Paris, 3 prairial an II (22 mai 1794), 3/4 de p. in-4.

PRÉCIEUX PIÈCE, ainsi conçue : « Le Comité de salut public arrête que la nommé Cabarus, fille d'un banquier espagnol et femme du nommé Fontenai ex-conseiller au parlement de Paris, sera mise sur le champ en état d'arrestation et mise au secret et les scellés apposés sur ses papiers. Le jeune homme qui demeure avec elle et ceux qui seroient trouvés chez elle seront pareillement arrêtés. Le citoyen Boullanger est chargé de l'exécution du présent arrêté ».— Le citoyen Boullanger, qui était général, n'arrêta Madame Tallien, à Versailles, que dans la nuit du 11 au 12 prairial. Elle était accompagnée d'un jeune homme que Boullanger appelle Quéry. (V. l'*Amateur d'autographes* de 1866, p. 229). On peut dire que l'arrestation de Térésia Cabarrus, qui devint Madame Tallien, le 26 décembre 1794, fut une des causes qui déterminèrent Tallien à provoquer la chute de Robespierre ; Boullanger, qui l'arrêta, partagea le sort de Robespierre, il fut décapité le 11 thermidor (29 juillet 1794).

## 776. ROBESPIERRE (Maximilien de).

1° Pièce aut. sig. de COULOMBEAU, secrétaire-greffier de la commune de Paris ; 10 août 1793, 1 p. in-4, vignette et tête imprimées. (*Coll. Gilbert*).

Curieux document historique. Certificat constatant la remise à Robespierre d'une médaille donnée par la municipalité de Paris en mémoire de la journée du 10 août 1772. — (Cette pièce répond aux biographes qui ont accusé Robespierre d'avoir eu peur au 10 août et de s'être tenu caché).

2° L. s. de COULOMBEAU (à ROBESPIERRE) ; 16 août 1793, 1 p. in-4.

Il lui envoie la médaille des hommes du 10 août. « Je me félicite d'avoir à rendre cet hommage à l'incorruptible Robespierre. »

## 777. ROBESPIERRE (Documents sur Maximilien).

1° L. s. de MANUEL, procureur de la commune de Paris ; 16 avril an IV de la Liberté (1792), 1 p. in-4, tête et vignette imprimées.

M. Robespierre ayant donné sa démission de la place d'accusateur public près le tribunal criminel du département de Paris, les électeurs sont convoqués le 26 de ce mois pour élire un remplaçant.

2º P. s. par CARNOT, R. LINDET, BARÈRE et BILLAUD-VA-
RENNE, membres du Comité de salut public; Paris, 6 frimaire an II (26 novembre 1793), 1 p. in-folio, tête et vignettes
imprimées.

Le Comité de salut public arrête que l'administration des postes fera passer
franc de port les 8.000 exemplaires du rapport du citoyen Robespierre sur la
situation de la France.

3º L. a. s. de J. Leyssard, secrétaire de la commune de
Nantua (aux membres du Comité de salut public); 18 prairial
an II, (6 juin 1794), 1 p. in-4.

Il accuse réception du rapport de Robespierre, qui a été distribué aux
sans-culottes de Nantua. « A sa lecture, tous les cœurs ont paru électrisés et
chacun se fait un devoir d'en apprendre les morceaux les plus frappants,
comme des traits de lumière et de patriotisme. »

4º L. a. s. de LENGLET jeune, agent national de la commune
d'Arras, à Lequinio ; Arras, 16 thermidor an II (3 août 1794),
3 p. in-4.

Il lui envoie les renseignements demandés sur les deux Robespierre. Ils
sont nés à Arras, leur ayeul paternel à Falempin, près Lille, leur aieule
maternelle à Carvin, leur père était avocat à Arras. Lenglet a connu
Maximilien au collège d'Arras. « Je lui ai connu un caractère détestable et
une envie démesurée de dominer. » Il a mieux connu Robespierre jeune.
« Il était fort étourdi mais d'un caractère plus traitable. »

## 778. ROBESPIERRE (Maximilien de).

Portrait de Robespierre à la plume, 1 p. in-4.

Ce portrait, selon une note de M. de Pongerville, attestée par M. Lucas de
Montigny, aurait été fait par Parseval-Grandmaison, pendant la séance du
9 thermidor.

## 779. ROBESPIERRE (Augustin-Bon-Joseph de), frère du précédent, député de Paris à la Convention, n. 1764, décapité avec son frère le 28 juillet 1794.

L. a. s., sig. aussi par RICORD, à leurs collègues à Grenoble ;
Nice, 11 octobre an II (1793), 2 p. in-fol.

Pièce historique où ils se plaignent de ne rien recevoir de ce qui leur est
annoncé par le ministère de la guerre. C'est là une situation intolérable pour
les armées. Il mande que les Anglais ont violé le droit des gens en ordonnant à la frégate *la Modeste* de se rendre à Toulon et en mitraillant les
marins qui s'y refusaient.

## 780. ROBESPIERRE (Augustin-Bon-Joseph de).

L. a. s. au chargé d'affaires de la République, à Gênes ; Nice,
24 brumaire an II (14 novembre 1793), 1 p. in-4.

Curieuse épître où il lui dénonce un fourbe qui le trompe et fait part de
leurs opérations aux partisans des tyrans coalisés.

## 781. ROMME (Gilbert), député du Puy-de-Dôme, compro-

ROUX-FAZILLAC (Dordogne)

ST-MARTIN (Ardèche)

SERRES (Ile-de-France)

SERRE (Hautes-Alpes)

THOMAS (Paris)

THOMAS (Orne)

mis dans l'affaire de prairial an III, n. à Riom, 1750,
m. par suicide le 20 juin 1795.

L. a. s. ; 22 nivôse an III (11 janvier 1795), 1/2 p. in-8. (*Coll.
Gilbert*).

Jolie pièce relative à son *Annuaire du Cultivateur*, dont il commença la
publication l'année même de sa mort.

**782.** ROVÈRE (Joseph-Stanislas-François), député des Bouches-du-Rhône, ennemi acharné des Girondins, puis
de Robespierre, déporté après le 18 fructidor, n. 1748,
m. en exil, à Sinnamari, en 1798.

L. a. s., sig. aussi par BASIRE et LEGENDRE, à un ministre ;
Lyon, 11 mars an II (1793), 1 p. 3/4 in-fol. (*Coll. Dubrunfaut*).

PIÈCE HISTORIQUE, écrite en qualité de commissaire de la Convention à
Lyon. Ils mandent qu'il ont réussi à établir l'ordre dans cette ville ; ils
font l'éloge du général Doraison et du commissaire des guerres Chambon,
qui ont rendu les plus grands services. « Nous allons nous occuper du
recrutement de l'armée de la liberté. Nous espérons de détruire les impressions perfides que les ennemis du bien public avoient répandues parmi le
peuple... »

**783.** ROÜAULT (Joseph-Yves), député du Morbihan, n. à
Josselin (Morbihan), 1754, m.

L. a. s. ; (brumaire an III), 1 p. in-12. *Rare.*

Il accuse réception de l'expédition conforme de la loi qui autorise, pour
raison de santé, le transfert à leur domicile des représentants détenus et
dont la santé a besoin de soins particuliers.

**784.** RÜHL (Philippe), pasteur luthérien, député du Bas-
Rhin, un des derniers montagnards, mort par suicide
le 30 mai 1795.

1° L. s. (à Bouchotte) ; Sainte-Menehould, 18e jour du
1er mois de l'an II (9 octobre 1793), 1 p. in-4.

2° P. s. signée aussi par LOUIS (du Bas-Rhin), VADIER,
VOULLAND et JAGOT, membres du Comité de sûreté générale ;
29 floréal an II (18 mai 1794), 1 in-4.

Ordre de conduire dans une maison d'arrêt le nommé Dubois, agent
national de la commune d'Essonnes.

**785.** SAINT-JUST (Louis-Antoine de), député de l'Aisne,
ami de Robespierre, n. 1767, décapité le 28 juillet
1794.

L. a. s. à Garot, avoué à Coucy ; 9 juillet 1792, 1 p. in-4.
*Rare.*

**786.** SAINT-JUST (Louis-Antoine de).

P. aut., 4 p. in-4.

Projet d'un décret, en 14 articles, pour l'établissement dans chaque
district et dans chaque armée, d'un censeur des fonctionnaires publics.

787. **SALLE** (Jean-Baptiste), député de la Meurthe, proscrit avec les Girondins, n. 1760, décapité à Bordeaux le 20 juin 1794.

L. a. s. au cit. Béquilley ; (avril 1793), 2 p. 3/4 in-4, cachet brisé. *Très rare. (Coll. Sensier).*

Il lui mande que les Prussiens sont en pleine retraite et que Dumouriez a juré de les exterminer au passage de Grandpré, Montesquiou doit, à l'heure présente, avoir conquis la Savoie. Lille soutient son siège avec autant de courage que Thionville, et on espère qu'avant la fin de l'automne la France sera délivrée de ses ennemis. Il annonce que la Convention a nommé, la veille, Pache au ministère de la guerre en remplacement de Servan. — Cette pièce porte en tête les signatures de *Cambacérès* et de *Boyer-Fonfrède.*

788. **SALLE** (Jean-Baptiste).

P. a. s. ; 1er messidor an II (19 juin 1794), 3/4 de p. in-folio. *(Coll. Sensier).*

Précieuse pièce, écrite la veille de sa mort, et qui est un testament politique. Salle déclare que ses véritables sentiments concernant le gouvernement qu'il souhaite à la France sont déposés dans l'écrit intitulé : *Charlotte Corday, tragédie.* Il donne à ce sujet de curieux renseignements et parle aussi de sa « bagatelle touchant la mort de Danton », composée dans un instant où il était lui-même sous le couteau.

789. **SAUTAŸRA** (Pierre-Barthélemy), député de la Drôme, n. à Montélimar (Drôme), 1744, m. 1793.

L. s. à Servan ; Paris, 4 juin 1792, 1 p. in-folio. *Rare.*

790. **SERGENT-MARCEAU** (Antoine-François), graveur, officier municipal de Paris, député de cette ville à la Convention, créateur du Musée français et du Conservatoire de musique, beau-frère de Marceau, n. à Chartres, 1751, m. 1847.

1o P. a. s., comme président de l'Assemblée primaire de la section du Théâtre-Français, signée aussi par MOMORO, secrétaire, 21 juin 1791, 1 p. in-4 oblong.

Procès-verbal d'une assemblée de la section du Théâtre-Français nommant des délégués pour s'opposer aux communications qui pourraient se faire avec le dehors au moyen des souterrains, qui aboutissent à la plaine de Montrouge.

2o L. a. s. aux agents de l'administration des subsistances de Paris ; Paris, 9 nivôse an III (29 décembre 1794), 1 p. 3/4 in-4. *(Coll. Villenave).*

Très curieuse épître où il demande que son hôtesse et amie, la sœur du général Marceau, puisse s'approvisionner de son et de grenaille pour nourrir ses bestiaux et ses volailles.

791. **SIÈYES** (Emmanuel), député de la Sarthe, directeur,

consul après le 18 brumaire, n. à Fréjus (Var), 1748, m. 1836.

1° L. aut. à Clément de Ris ; 5 nivôse an IV (26 décembre 1795), 2 p. in-4.

Il ne lit que les journaux qu'on lui adresse gratuitement et encore s'abstient-il de toucher au *Journal de Paris* et au *Républicain françois*, ces journaux ne pourraient être faits autrement s'ils étaient rédigés à Vienne, en Autriche.

2° L. a. ; Berlin, 19 thermidor (16 août), 1 p. in-4.

3° L. s. ; Paris, 9 décembre 1830, 1/2 p. in-4.

**792.** SILLERY (Charles-Alexis BRULART, marquis de), député de la Somme, ami du duc d'Orléans, mari de la comtesse de Genlis, n. 1737, décapité avec les Girondins, le 31 octobre 1793.

L. a. s. ; (3 avril 1792), 1 p. in-4. *Rare.*

Demande d'un congé pour M. de Lescure, lieutenant-colonel du 10e régiment de cavalerie.

**793.** SOUBRANY (Pierre-Auguste de), député du Puy-de-Dôme, un des derniers montagnards, n. à Riom, 1750, décapité le 8 juin 1795.

1° P. s., signée aussi par MILHAUD ; quartier-général de Perpignan, 6 germinal an II (26 mars 1794), 2 p. in-folio, cachet de cire, tête imprimée.

Arrêté pour assurer l'approvisionnement en fourrage. Il se termine ainsi : « Périssent les gouvernements ennemis de la Nature et de l'Humanité. »

2° P. s. ; quartier-général du Boulou, 2 thermidor an II (20 juillet 1794), 1 p. in-folio, tête imprimée, cachet de cire.

**794.** TALLIEN (Jean-Lambert), député de Seine-et-Oise, un des principaux auteurs de la chute de Robespierre, n. à Paris, 1769, m. 1820.

1° L. s. comme secrétaire-greffier de la municipalité de Paris ; Paris, 2 septembre 1792, 1/2 p. in-folio.

Il transmet un arrêté que vient de prendre le Conseil général de la Commune sur la construction des fours.

2° L. a. s., comme secrétaire-greffier de la municipalité de Paris ; Paris, 29 août 1792, 3/4 de p. in-folio.

3° P. s. comme administrateur-général des finances du divan du Kaire ; Le Kaire, 30 frimaire an VIII (21 novembre 1799), 1 p. 1/2 in-folio.

**795. TALLIEN (Jean-Lambert).**

L. a. s. à M. Macdermot, 1 p. in-4.

Il n'a pas tenu sa promesse parce que Madame Tallien a voulu conduire elle-même des amis au bal. C'est donc à elle que M. Macdermot doit chercher querelle. « Je m'offre volontiers pour médiateur, car il n'est si mauvaise affaire qu'on ne doive tacher d'arranger surtout avec une jolie femme. »

**796. THIERRET (Claude), député des Ardennes, n. à Cernay-en-Dormois (Marne), 1742, m. 1821.**

P. s., signée aussi par GOLZART, BAUDIN et MARCHOUX, député des Ardennes au Corps législatif; Paris, 16 nivôse an IV (7 janvier 1796), 1 p. in-8.

Ils attestent le patriotisme d'un maréchal des logis de gendarmerie de leur département.

**797. THOULOUSE (Jean-Joseph), député de l'Ardèche, n. 1754, m.**

L. s., signée aussi par Saint-Martin, Saint-Prix, Gleizal et Gamon, anciens députés de l'Ardèche à la Convention (à Scherer); Paris, 17 nivôse an VI (5 janvier 1798), 1 p. in-4.

Recommandation pour un de leurs compatriotes.

**798. THURIOT (Jacques-Alexis), député de la Marne, n. à Sézanne (Marne), 1753, m. 1829.**

L. a. s.; 11 octobre 1790, 2 p. in-4. Petite déchirure enlevant la fin des deux mots.

Il est fier du suffrage de ses concitoyens, qui le rappelle au sein de sa patrie. Il signe : « Thuriot, ancien président de la Commune de Paris. »

**799. VADIER (Marc-Guillaume-Alexis), député de l'Ariège, membre du Comité de sûreté générale, n. à Pamiers, 1736, m. 1828.**

1° L. a. s. « au républicain montagnard Chaudron-Rousseau »; Paris, 25 ventôse an II (14 janvier 1794), 3 p. in-4.

Il le félicite sur la lettre relative à la régénération de leur département Il se plaint des intriguants qui ne visent qu'à faire leur fortune. « Le peuple seul est juste et bon. C'est donc la masse qu'il faut entendre et non pas les meneurs qui le séduisent pour leur profit. Tu trouveras partout de ces fripons qui se placeront entre toi et lui pour te cacher son véritable vœu, n'écoute donc que la vertu du peuple et la tienne. »

2° L. a. s. à Pille; Paris, 8 thermidor an II (juillet 1794), 1 p. in-8, petit trou enlevant deux mots.

**800. VALAZÉ (Charles-Eléonore DU FRICHE de), avocat, député de l'Orne, proscrit avec les Girondins, n. à

Alençon, 1754, m. par suicide à Paris, le 30 octobre 1793, après avoir entendu sa condamnation à mort.

L. a. s. à l'Assemblée nationale ; Essay (Orne), 8 août 1790, 3 p. in-folio. *Très rare.* (*Coll. A. Bovet*).

Lettre écrite comme maire d'Essay et signée aussi par les officiers municipaux de cette commune. Ils réclament que les assemblées primaires soient rétablies à Essay, contrairement à une disposition des commissaires du roi les transportant dans une commune voisine.

801. VASSEUR (Alexandre), député de la Somme, n. à Hucqueliers (Pas-de-Calais), 1743, m.

Apostille aut. sig., découpée, 1 p. in-32. *Très rare.*

802. VENAILLE (Pierre-Etienne), député du Loir-et-Cher, n. à Romorantin, 1753, m. 1828.

L. s., écrite et signée par GRÉGOIRE, CHABOT, FOUSSEDOIRE et LECLERC, députés du Loir-et-Cher à la Convention ; Paris, 6 octobre 1792, 1 p. 1/2 in-4.

Ils sont d'avis que l'Assemblée électorale du département doit se tenir à Romorantin.

# DÉPARTEMENTS

*Les numéros sur les départements pourront être divisés
au gré des amateurs*

**803. AIN.**

*Deydier*, 2 l. a. s. et l. s., 6 p. in-4. — *Gauthier*, 2 l. a. s.,
2 p. in-4. — *Ferrand*, l. a. s., 3/4 de p. in-4. — *Jagot*, p. s.,
1 p. in-folio. — *Royer*, 2 l. a. s., 3 p. in-4. — *Merlino*, l. a. s.,
1 p. in-4.

**804. AISNE.**

*Bouchereau*, 4 l. a. s., 6 p. in-folio. — *Dormay*, l. a. s., 1 p.
in-4. — *De Bry*, l. a. s., 1 p. in-4. — *Fiquet*, apostille aut. sig.
— *Dupin*, p. s., 2 p. in-folio. — *Loysel*, 8 l. a. s., 10 p. in-4. —
*Lecarlier*, p. s., 1 p. in-4. — *Quinette*, 3 l. a. s., 3 p. in-4. —
*Pottofeux*, p. s., 1 p. in-folio.

**805. ALLIER.**

*Chabot*, l. a. s., 3 p. in-4. — *Giraud*, l. a. s., 2 p. in-4 et p. s.,
1 p. in-folio. — *Forestier*, p. s., signée aussi par *Petitjean*,
*Martel* et *Vidalin*, ainsi que par *Fouché*, 1 p. in-folio. — *Martel*,
2 l. a. s., 3 p. in-4. — *Vidalin*, 2 l. a. s,, 3 p. in-4. — *Petitjean*,
l. a. s., 2 l. a. s., 2 p. in-4. — *Beauchamp*, l. a. s., 1 p. in-4.

**806. ALPES-MARITIMES.**

*Blanqui*, l. a. s. des initiales, 3 p. 1/2 in-4 et l. s., 1/2 p.
in-folio.

**807. ARDÈCHE.**

*Gleizal*, l. a. s., 1 p. in-4 et l. s., 1 p. 1/2 in-4. — *Corenfustier*,
3 l. a. s., 3 p. in-4. — *Gamon*, p. s., 1 p. in-folio. — *Saint-
Prix*, 1 l. a. s. et 3 l. a. s. des initiales seulement, 6 p. in-4. —
*Saint-Martin*, l. a. s., 2 p. in-4.

**808. ARDENNES.**

*Baudin*, l. a. s., 1 p. in-4 et p. aut., 3 p. in-4 (note sur
Robespierre). — *Robert*, apostille signée, 1 p. in-folio. —
*Piette*, 2 l. a. s., 2 p. in-4. — *Blondel*, 2 l. a. s., 1 p. in-folio et
1 p. in-4. — *Ferry*, 3 l. a. s., 2 p. in-folio et 1 p. in-4.

**809. ARIÈGE.**

*Bordes*, p. a. s., 1 p. in-4 oblong et p. s. — *Clauzel*, l. a. s.,
2 p. in-folio. — *Gaston*, apostille aut. sig., 1 p. in-folio. —
*Espert*, 3 l. a. s., 3 p. in-4.

## 810. AUBE.

*Bonnemain*, l. a. s., 1 p. in-4. — *Courtois*, p. a. s., 1 p. in-4 oblong et p. a. s, 1 p. in-4. — *David*, l. a. s., 1 p. 1/2 in-4 et p. s., 1 p. in-folio. — *Garnier*, 1 l. a. s, 1 p. a. s., 2 p. in-4, 2 p. s., 2 p. in-4. — *Ludot*, l. a. s., 3 p. in-4. — *Robin*, apostille signée, 2 p. in-4. — *Pierret*, p. s., 1 p. in-folio.

## 811. AUDE.

*Ramel*, l. a. s., 1 p. in-4 et 1 p. s., 1 p. in-4. — *Bonnet*, apostille signée, 1 p. in-4. — *Girard*, l. a. s., 1 p. in-folio. — *Marragon*, l. a. s., 1 p. in-4. — *Periès*, l. a. s., 1 p. 1/2 in-4 et p. a. s., 1/2 p. in-folio. — *Azéma*, p. s., 8 p. in-folio.

## 812. AVEYRON.

*Rous*, l. a. s., 1 p. 1/2 in-4. — *Bo*, 2 l. a. s., 1 p. 12 in-4. — *Bernard*, l. a. s., 3 p. in-folio. — *Lacombe*, 2 p. a. s., 5 p. in-folio ; l. a. s., 1 p. in-4. — *Lobinhes*, apostille signée, 1 p. in-folio.

## 813. BASSES-ALPES.

*Bouret*, l. a. s., 1 p. in-4 ; 1 l. s., 3 p. in-folio. — *Réguis*, l. a. s., 1 p. in-4. — *Peyre*, l. a. s., 1/2 p. in-4 ; p. s., 1/2 p. in-folio.

## 814. BASSES-PYRÉNÉES.

*Conte*, apostille signée, 1 p. in-folio. — *Casenave*, 3 l. a. s., 3 p. in-4. — *Laa*, l. s., 2 p. in-4. — *Vidal*, 2 l. a. s., 3 p. in-4. — *Sanadon*, l. s., écrite par *Meillan* et signée aussi par *Conte* et *Casenave*, 1/2 p. in-4. — *Pémartin*, 2 l. a. s., 3 p. in-4. — *Meillan*, 3 l. a. s., 5 p. in-4.

## 815. BAS-RHIN.

*Christiani*, l. a. s., 1 p. in-4. — *Laurent*, l. a. s., 2 p. in-4. — *Arbogast*, p. a. s., 1/4 de p. in-4. — *Bentabole*, 3 l. a. s., 1 p. aut. sig., 6 p. in-4. (Curieux dossier). — *Bertrand*, l. a. s., 4 p. in-folio. — *Louis*, 1 p. a. s. et 2 p. s., 3 p. in-folio. — *Dentzel*, 2 l. a. s., 2 p. in-4. — *Ehrmann*, l. a. s., 3/4 de p. in-8. — *Simond*, p. a. s., 1/2 p. in-4.

## 816. BOUCHES-DU-RHONE.

*Granet*, 2 l. a. s., dont une en tête, 4 p. in-4. — *Baille*, l. s., 1 p. in-4. — *Gasparin*, l. a. s., 1 p. in-4. — *Durand-Maillane*, l. a. s. à la 3e personne, 5 p. in-4 ; l. a. s., 2 p. in-4. — *Leblanc*, apostille aut. sig., 1/2 p. in-8 et l. a. s., 2 p. in-4. — *Pellissier*, apostille aut. sig., 2 p. in-4.

## 817. CALVADOS.

*Doulcet de Pontécoulant*, 2 l. a. s., 5 p. in-4. — *Bonnet*,

l. a. s., 2 p. 1/2 in-folio. — *Chatry-Lafosse*, apostille aut. sig.,
1 p. in-folio. — *Dubois-Dubais*, 2 l. a. s., 3 p. in-4; p. a. s.,
6 p. in-4 (autobiographie de Dubois-Dubais). — *Delleville*,
4 l. a. s., 4 p. in-4. — *Cussy*, l. s., signée aussi par *Taveau,
Henry-Larivière, Cl. Fauchet, Delleville, Dumont, Bonnet,
Dubois-Dubais, Jouenne-Longchamp, Vardon, Legot* et *Doulcet*.
— *Dumont*, l. a. s., 1 p. in-4. — *Henry-Larivière*, l. a. s. et
p. s., 3 p. in-4. — *Jouenne-Longchamp*, l. a. s., 1 p. in-4. —
*Lomont*, 2 l. a. s., 2 p. 1/2 in-4 et p. a. s., 1 p. in-folio. —
*Lemoine*, 3 l. a. s., 1 p. in-4, 2 p. in-8 et 1/2 p. in-4. — *Legot*,
1 p. a. s. et 2 l. s., 1/2 p. in-4 et 3 p. in-4. — *Taveau*, l. a. s.,
1 p. in-4. — *Vardon*, p. a. s. et l. a. s., 3 p. in-4.

## 818. CANTAL.

*Lacoste*, 2 p. a. s., 2 p. in-folio et un document sur son
arrestation. — *Malhes*, l. a. s., 1 p. in-4. — *Thibault*, 2 l. a. s.,
7 p. in-4 et p. s., 1 p. 1/3 in-folio. — *Méjansac*, 3 l. a. s., 4 p.
in-folio. — *Milhaud*, p. a. s., 1 p. in-4. — *Mirande*, 2 l. a. s.,
2 p. in-4.

## 819. CHARENTE.

*Bellegarde*, l. a. s. et p. s., 2 p. in-4. — *Crévelier*, l. s., signée
aussi par ses collègues : *Maulde, Devars, Ribereau, Chedaneau,
Chazaud, Brun*, 1 p. in-4. — *Chazaud*, 2 l. a. s., 5 p. in-4. —
*Devars*, l. a. s., 1 p. in-folio. — *Guimberteau*, 2 l. a. s. et 1 p. s.,
3 p. in-4. — *Ribereau*, l. a. s., 1 p. in-folio.

## 820. CHARENTE-INFÉRIEURE.

*Dautriche*, l. a. s., 1 p. in-4. — *Bernard*, 3 l. a. s., 7 p. in-4.
— *Bréard*, l. a. s., 1 p. 1/2 in-4 et 1 l. s., 1 p. in-folio. —
*Desgraves*, p. a. s., 1/3 de p. in-4. — *Dechézeaux*, p. a. s., 1 p.
in-4. — *Giraud*, 2 l. a. s., 1 p. in-8 et 1 p. in-4. — *Garnier*,
1 l. a. s. et 1 l. s., 2 p. 1/2 in-4. — *Eschassériaux ainé*, l. a. s.,
1 p. in-4. — *Eschassériaux jeune*, 1 l. a. s. et 1 l. s., 2 p. in-4. —
*Vinet*, l. a. s., 1 p. in-folio. — *Ruamps*, l. a. s., 2 p. in-4 et
1 p. s., 1/2 p. in-4. — *Niou*, l. a. s., 1 p. in-4 et 2 l. s., 2 p. in-4.

## 821. CHER.

*Faure-Labrunerie*, l. a. s., 2 p. in-4. — *Pelletier*, p. s., 1 p.
in-folio. — *Baucheton*, l. a. s., 2 p. in-4.

## 822. COLONIES.

*Belley*, 2 l. s., 2 p. in-folio. — *Besnard*, 2 l. a. s., dont une
rognée en marge, 4 p. in-4. — *Crassous*, 3 l. a. s., 6 p. in-4. —
*Boisson*, 1 l. a. s. et 1 l. s., 2 p. in-4. — *Gouly*, 2 l. a. s., 4 p.
in-4 et 1 p. s., 1 p. in-4. — *Garnot*, l. a. s., 1 p. in-folio. —
*Fourniols*, l. a. s., 1 p. in-4 et p. a. s., 1 p. in-8 oblong. —
*Dupuch*, l. a. s., 1 p. in-4 et p. s., 1 p. in-8 oblong. — *Lafo-
rêst ainé*, l. s., 1 p. in-folio. — *Lion*, 3 l. a. s., 5 p. in-4. —

*Serres*, l. a. s., 2 p. in-4. — *Pomme*, 2 l. a. s. et 2 l. s., 4 p. in-4. — *Mills*, apostille signée, 1/2 p. in-folio. — *Dufaÿ*, l. a. s., 1 p. 1/2 in-folio.

### 823. CORRÈZE.

*Lidon*, 1 l. a. s. et 1 p. s., 3 p. in-4. — *Brival*, 1 l. et p. s., 3 p. in-4. — *Chambon*, l. a. s., 1 p. in-8 et 1 p. s., 1 p. in-4. — *Rivière*, l. s., 1 p. in-4. — *Pénières*, 2 l. a. s., 3 p. petit in-4.

### 824. CORSE.

*Bozi*, l. a. s., 1 p. in-4. — *Arrighi*, l. a. s., 1 p. in-8 et p. aut., 2 p. 1/2 in-4. — *Chiappe*, 4 l. a. s. et l. s., 14 p. in-4 ou in-folio. — *Saliceti*, 3 l. a. s., 6 p. in-folio et l. s., 1 p. in-folio. — *Mottedo*, l. a. s., 1 p. in-4 et p. s., 1 p. in-4.

### 825. COTE-D'OR.

*Berlier*, 2 l. a. s., 3 p. in-4. — *Edouard*, p. s., signée aussi par ses collègues : *Marey, Oudot, Rameau* et *Berlier*, 1 p. in-folio. — *Guiot*, l. s., 2 p. in-folio. — *Trullard*, l. s., écrite par *Berlier*. — *Oudot*, 2 l. a. s., 2 p. in-4.

### 826. COTES-DU-NORD.

*Couppé*, l. a. s., 3 p. in-4. — *Goudelin*, 2 l. s., dont une écrite par *Couppé*, 2 p. in-4. — *Girault*, l. a. s., 1 p. 1/2 in-4. — *Gaultier*, 2 l. a. s., 1 p. in-4. — *Fleury*, 1 l. a. s. et 1 l. s., 3 p. in-4. — *Guyomar*, l. a. s., 1/2 p. in-4 ; p. s., 1 p. in-folio. — *Toudic*, l. a. s., 1 p. in-4. — *Palasne-Champeaux*, 1 p. 1/2 in-4.

### 827. CREUSE.

*Barailon*, 3 l. a. s., 3 p. in-4. — *Coutisson-Dumas*, apostille signée. — *Texier*, l. a. s., 1 p. 1/2 in-4.

### 828. DEUX-SÈVRES.

*Auguis*, 2 l. a. s., 2 p. petit in-4. — *Chauvin*, 1 l. a. s., 2 p. in-4. — *Jard-Panvillier*, 2 l. a. s., 1 p. 1/2 in-4. — *Lofficial*, 2 l. a. s., 2 p. in-4. — *Lecointe-Puyraveau*, 2 l. a. s., 3 p. in-4.

### 829. DORDOGNE.

*Lamarque*, l. a. s., 1 p. in-4. — *Bouquier*, p. s., 1 p. in-folio. — *Lacoste*, l. s., 2 p. 1/2 in-4. — *Taillefer*, p. s., 1/2 p. in-folio. — *Roux-Fazillac*, 3 p. s., 3 p. in-folio. — *Pinet aîné*, 1 l. a. s. et 2 l. s., 2 p. in-folio. — *Peyssard*, p. a. s., 1 p. 1/4 in-4. — *Meynard*, l. s., 1 p. 1/2 in-folio.

### 830. DOUBS.

*Besson*, 2 l. a. s., 2 p. in-4 et 1 l. s., 2 p. in-folio. — *Vernerey*, apostille aut. sig., 1 p. in-folio. — *Seguin*, l. a. s., 2 p. in-4 .—

*Quirot*, l. a. s., 1 p. in-4. — *Monnot*, 1 l. a. s., 1 l. s. et 1 p. s. — *Michaud*, 2 l. a. s., 2 p. in-4.

### 831. DROME.

*Gérente*, 1 l. a. s. et p. s., 2 p. in-4. — *Boisset*, 1 l. a. s. et 4 p. s., 5 p. in-4 ou in-folio. — *Fayolle*, 3 p. in-folio. — *Jacomin*, 2 l. a. s., 3 p. in-4.

### 832. EURE.

*Bidault*, l. a. s., 3 p. in-4. — *Bouillerot*, 1 l. a. s., 3 p. in-8 et 1 p. aut. sig., 1/2 p. in-8. — *Francastel*, l. a. s., 1 p. in-4. — *Dubusc*, apostille aut. sig., 1 p. in-folio. — *Lindet*, (R.-T.), 3 l. a. s., 4 p. in-4. — *Lemarechal*, l. a. s., 2 p. 1/2 in-4. — *Richou*, 2 l. a. s. et 1 l. s., 3 p. in-4 au in-folio. — *Savary*, l. a. s., 2 p. in-8. — *Vallée*, l. a. s., 1 p. in-4 et l. s., 1 p. in-folio.

### 833. EURE-ET-LOIR.

*Bourgeois*, l. a. s., 1 p. in-8. — *Châles*, l. a. s., 1 p. in-4. — *Giroust*, l. s., 1 p. in-4. — *Frémanger*, l. a. s., 1 p. in-4. — *Maras*, l. a. s., 1/2 p. in-4. — *Lesage*, 3 p. s., 3 p. in-4.

### 834. FINISTÈRE.

*Bohan*, l. a. s., 4 p. in-4. — *Gomaire*, l. a. s., 1 p. in-folio. — *Kervelegan*, 4 p. in-4 et 1 p. s., 1 p. in-folio. — *Guezno*, 2 l. a. s., 2 p. in-4 ou in-folio. — *Guermeur*, 3 l. a. s., 7 p. in-4 ou in-folio. — *Marec*, l. a. s., 2 p. 1/2 in-folio. — *Boissier*, 2 l. a. s., 2 p. in-4. — *Blad*, l. a. s., 1 p. in-4.

### 835. GARD.

*Aubry*, p. a. s., 1 p. in-12 et l. s., 1/2 p. in-4. — *Bertezène*, l. a. s., 2 p. in-4. — *Chazal*, 5 l. a. s., 6 p. in-4. — *Chambon-Latour*, apostille aut. sig., 1 p. in-folio. — *Jac*, aut. sig., 1 p. in-folio. — *Leyris*, l. a. s., 1 p. in-8 et p. s., 1 p. in-4. — *Voulland*, p. a. s., 1 p. in-4. — *Rabaut-Pomier*, 3 l. a. s., 5 p. in-4 et p. s., 1 p.

### 836. GERS.

*Bousquet*, l. a. s., 2 p. in-folio. — *Ichou*, l. a. s., 1 p. 1/2 in-folio. — *Perez*, l. s., 1 p. in-4 et apostille aut. sig. sur une pièce in-folio. — *Maribon-Montaut*, l. a. s., 1 p. in-8. — *Dubarran*, p. a. s., 3/4 de p. in-folio.

### 837. GIRONDE.

*Bergoeing*, l. a. s., 1 p. in-4. — *Deleyre*, l. a. s., 3 p. in-4 et p. s., 1 p. in-4. — *Garrau*, l. a. s., 3 p. in-4 ; p. s., 1 p. in-folio. — *Duplantier*, p. s., 1 p. in-folio. — *Ducos*, l. s., 1 p. in-4. — *Jay*, p. s., 1 p. in-4.

## 838. HAUTES-ALPES.

*Cazeneuve*, p. a. s., 1 p. in-folio. — *Borel*, l. a. s., 2 p. in-folio. — *Izoard*, l. a. s., 1 p. in-4. — *Serre*, 2 l. a. s., 1 p. 1/2 in-4.

## 839. HAUTE-GARONNE.

*Alard*, l. a. s., 3 p. in-4. — *Cavaignac*, 2 l. a. s. et 1 p. s., 3 p. in-4. — *Calès*, 2 l. a. s., 3 p. in-4 et 1/2 in-folio. — *Drulhe*, 3 l. a. s. et 1 l. s., 4 p. in-4. — *De Sacy*, l. a. s., 1 p. in-4. — *Delmas*, 2 l. a. s., 9 p. in-4 et 2 p. s., 2 p. in-folio. — *Estadens*, l. a. s., 1/2 p. in-folio. — *Julien*, 4 l. a. s., 6 p. in-4. — *Mazade*, 2 l. a. s., 2 p. in-folio; 2 p. s., 2 p. in-folio. — *Mailhe*, l. a. s., 1/2 p. in-4. — *Lespinasse*, apostille aut. sig. — *Rouzet*, l. a. s., 4 p. in-folio et p. s., 1/3 de p. in-folio. — *Projean*, l. a. s., 1 p. in-4 et l. s., 2 p. 1/2 in-folio. — *Perès*, 2 l. a. s., dont une à Napoléon Ier, 4 p. in-4.

## 840. HAUTE-LOIRE.

*Faure*, l. a. s., 1 p. in-folio et p. s., 1 p. in-folio. — *Lemoÿne*, l. a. s., 1 p. 1/2 in-4. — *Delcher*, l. a. s., 1 p. 1/2 in-4.

## 841. HAUTE-MARNE.

*Chaudron-Rousseau*, 2 l. s., 2 p. in-folio. — *Laloy*, l. a. s., 2 p. in-4. — *Guyardin*, p. s., 1 p. in-folio. — *Wandelaincourt*, 2 l. a. s., 2 p. in-4. — *Roux*, 2 l. a. s., 2 p. in-4. — *Monnel*, p. s., 3 p. in-folio.

## 842. HAUTES-PYRÉNÉES.

*Gertoux*, l. a. s., 1 p. in-8, apostille signée, 2 p. in-folio. — *Dupont*, l. s., 1/2 p. in-folio. — *Lacrampe*, apostille aut. sig., 1 p. in-folio. — *Picqué*, l. a. s., 1 p. in-4. — *Dauphole*, l. a. s., 4 p. in-4, l. s., 1 p. in-4.

## 843. HAUT-RHIN.

*Albert*, l. a. s., 1 p. in-4. — *Laporte*, l. a. s., 1 p. in-4. — *Johannot* (Jean), 2 l. a. s., 1 p. in-8 et 2 p. in-folio. — *Ritter*, 3 l. a. s., 4 p. in-4. — *Pflieger*, l. a. s., 1/2 p. in-4. — *Dubois*, p. a. s., in-12 (pièce découpée) et p. s., 1/2 p. in-folio.

## 844. HAUTE-SAONE.

*Balivet*, apostille aut. sig. — *Bolot*, apostille aut. sig. — *Gourdan*, p. s., 3 p. in-folio. — *Chauvier*, apostille sig. — *Dornier*, 2 l. a. s., 2 p. in-4. — *Vigneron*, l. a. s., 1 p. in-4. — *Siblot*, apostille signé.

## 845. HAUTE-VIENNE.

*Bordas*, 2 l. a. s., 1 p. in-8 ou 1 p. in-4. — *Gay-Vernon*, 4 p. in-4. — Document sur *Faye*. — *Lacroix*, l. a. s., 1 p. in-4. — *Soulignac*, p. a. s., 1 p. in-4.

**846. HÉRAULT.**

*Castilhon*, 2 l. a. s., 3 p. in-4. — *Brunel*, l. s., 1 p. in-folio. — *Curée*, 3 l. a. s., 4 p. in-4. — *Joubert*, 2 l. a. s., 5 p. in-4. — *Viennet*, 2 l. a. s., 3 p. in-4. — *Rouyer*, l. a. s., 4 p. in-4.

**847. ILLE-ET-VILAINE.**

*Beaugeard*, l. a. s., 4 p. in-4. — *Chaumont*, l. a. s., 1 p. in-4. — *Dubignon*, l. a. s., 1 p. in-4. — *Defermon*, 3 l. a. s., 3 p. in-4 et un document sur lui. — *Duval*, l. a. s., 1 p. in-4. — *Lanjuinais*, 2 l. a. s., 2 p. in-4. — *Le Breton*, l. a. s., 1 p. 1/2 in-4. — *Tréhoüart*, l. a. s. et l. s., 1 p. in-4 et 1/2 p. in-folio. — *Sevestre*, l. a. s., 1 p. in-8 et l. s., 1 p. in-folio. — *Obelin*, l. a. s., 1 p. in-4 et l. s., 1 p. 1/2 in-4.

**848. INDRE.**

*Lejeune*, l. s., 1 p. in-folio. — *Pépin*, 2 l. a. s., 1 p. 1/2 in-4. — *Porcher*, 2 l. a. s., 2 p. in-4. — *Thabaud*, p. a. s., 1 p. in-4 et p. a. s., 1 p. 1/4 in-4. — *Boudin*, l. a. s., 1/2 p. in-4. — *Derazey*, l. a. s., 1 p. in-4 et p. a. s., 1 p. in-8 oblong. — *Lejeune*, p. a. s., 1/2 p. in-4.

**849. INDRE-ET-LOIRE.**

*Champigny-Aubin*, 3 l. a. s., 1 p. in-4. — *Nioche*, p. s., 1 p. in-folio. — *Bodin*, 3 l. a. s., 3 p. in-4. — *Dupont*, l. a. s, 3 p. 1/2 in-folio. — *Ysabeau*, l. a. s., 1 p. in-folio; p. a. s., 1 p. in-folio. — *Veau*, p. s., 1 p. in-folio. — *Ruelle*, l. a. s, apostillée par 20 législateurs, la plupart anciens collègues de Ruelle à la Couvention, 2 p. in-folio. — *Pottier*, 2 l. a. s., 4 p. in-4.

**850. ISÈRE.**

*Charrel*, l. s., 1 p. in-folio. — *Decomberousse*, 2 l. a. s., 3 p. in-4. — *Genevois*, p. a. s., 1 p. in-4. — *Genissieu*, p. s., 1 p. in-folio. — *Réal*, 3 l. a. s., 6 p. in-4. — *Prunelle*, 2 l. a. s., 4 p. in-4 et l. s., 2 p. in-folio.

**851. JURA.**

*Babey*, l. s., 1 p. 1/2 in-folio. — *Bonguyod*, l. s., 1 p. in-folio. — *Ferroux*, 2 l. a. s., 4 p. in-4. — *Grenot*, l. s., 2 p. in-4. — *Laurenceot*, apostille signée. — *Vernier*, 2 l. a. s., 2 p. in-4 et 1 l. s., 1 p. in-folio. — *Prost*, l. a. s. et l. s., 1 p. in-4 et 2 p. in-folio.

**852. LANDES.**

*Dyzez*, 2 l. a. s., 3 p. in-4. — *Roger-Ducos*, p. s., 1 p. in-4. — *Lefranc*, l. s., 2 p. in-4. — *Saurine*, l. a. s.; 1 p. in-4. — *Cadroy*, p. a. s., 2 p. in-folio. — *Dartigoeyte*, 2 l. a. s., 4 p. in-4 et l. s., 2 p. in-4.

## 853. LOIR-ET-CHER.

*Foussedoire*, 2 p. s., 3 p. in-folio et un passeport pour sa mission dans l'Est. — *Frécine*, p. a. s., 1/2 p. in-folio. — *Leclerc*, l. a. s., 1 p. in-4, (déchirure) et p. s., 1 p. in-4.

## 854. LOIRE-INFÉRIEURE.

*Méaulle*, 2 l. a. s., 2 p. in-4 et p. a. s., 1 p. in-folio. — *Coustard*, 1 l. a. s., 1 p. in-4 et 1 p. s., 2 p. in-folio. — *Jary*, l. a. s., 1 p. in-4. — *Villers*, l. a. s., 1 p. in-4 et p. s., 1 p. in-folio.

## 855. LOIRET.

*Delagueulle*, l. a. s., 1 p. in-4. — *Gentil*, l. a. s., 2 p. in-4. — *Garran de Coulon*, l. a., 3 p. in-4. — *Gaillard*, p. s., 1 p. in-folio. — *Guérin*, l. a. s., 2 p. in-4 et l. s., 2 p. in-4. — *Lombard-Lachaux*, l. a. s., 1 p. in-4 et l. s., 1 p. in-folio. — *Pelé*, l. a. s. 1 p. in-4.

## 856. LOT.

*Delbrel*, 2 l. a. s., 4 p. in-folio et l. s., 2 p. in-folio. — *Bouygues*, l. a. s., 1 p. in-folio. — *Cledel*, l. s., 1 p. in-4. — *Laboissière*, l. s., 1 p. in-folio. — *Salleles*, l. a. s., 1 p. 1/2 in-4. — *Monmayou*, l. a. s., 1 p. in-4 et p. s., 1 p. in-folio.

## 857. LOT-ET-GARONNE.

*Boussion*, 2 l. a. s., 2 p. in-4. — *Claverye*, l. a. s., 2 p. in-4. — *Fournel*, l. a. s., 1 p. in-4. — *Laurent*, l. a. s., 1 p. in-4. — *Paganel*, l. a. s., 2 p. in-4 et p. s., 1 p. in-folio.

## 858. LOZÉRE.

*Barrot*, 3 l. a. s., 3 p. in-4. — *Chateauneuf-Randon*, l. a. s., 1 p. in-4 et p. s., 1 p. in-folio. — *Servière*, l. s., 1 p. in-folio. — *Pelet*, 4 l. a. s., 4 p. in-4 ou in-8. — *Monestier*, l. s., 1 p. 1/2 in-folio.

## 859. MAINE-ET-LOIRE.

*Choudieu*, l. a. s., 1 p. in-4. — *Delaunay jeune*, p. s., 1 p. in-folio. — *Lemaignan*, l. s., 1 p. in-4. — *Leclerc*, p. s., 1 p. in-folio. — *Talot*, l. a. s., 4 p. in-4. — *Pilastre*, p. s., 1 p. in-4. — *Pérard*, l. s., 2 p. 1/2 in-4 et l. a. s., 1 p. in-8. — *Menuau*, l. s., 2 p. in-4 et apostille signée, 1 p. in-folio.

## 860. MANCHE.

*Bonnesœur*, 2 l. a. s., 5 p. in-4. — *Engerran*, l. a. s., 1 p. in-4. — *Hubert*, apostille signée, (pièce découpée). — *Havin*, apostille signée et p. s., 1 p. in-folio. — *Le Tourneur*, l. a. s., 1 p. 1/2 in-4. — *Lemoine*, 2 l. a. s., 2 p. in-4. — *Le Carpentier*, 3 l. a. s., 3 p. in-4. — *Laurence*, l. a. s., 1 p. in-folio. — *Sauvé*, apostille signée. — *Ribet*, 4 l. ou p. a. s., 12 p. in-4 ou in-folio. (Important dossier pour la biographie de Ribet). — *Poisson*, apostille aut. sig. — *Pinel*, l. a. s., 1 p. in-4.

## 861. MARNE.

*Battellier*, p. s., 1 p in-folio. — *Armonville*, apostille sig. — *Charlier*, l. a. s., 1 p. 1/2 in-folio. — *Droüet*, l. a. s., 1 p. in-folio.

## 862. MAYENNE.

*Bissy*, l. a. s., 1 p. in-4. — *Destriché*, l. a. s., 1 p. in-4. — *Enjubault*, 2 p. s., 3 p. in-folio. — *Villar*, l. a. s., 1 p. in-4 et l. s., 1 p. in-folio. — *Serveau*, l. a. s., 2 p. in-4 et p. s., 1 p. in-folio. — *Plaichard-Chottière*, p. s., 1 p. in-folio.

## 863. MEURTHE.

*Mallarmé*, 4 l. a. s., 4 p. in-folio et 1 p. s., 1 p. in-folio. — *Lalande*, l. a. s., 1 p. 1/2 in-4. — *Jacob*, p. s., 1 p. in-folio. — *Marquis*, 2 l. a. s., 5 p. in-4 et p. s., 2 p. in-4. — *Le Vasseur*, p. s., 1/2 p. in-folio. — *Zangiacomi*, 2 l. a. s., 3 p. in-4. — *Michel*, l. s., 2 p. in-4. — *Mollevaut*, 2 l. a. s., 4 p. in-4. — *Collombel*, 2 p. a. s., 1 p. in-4.

## 864. MEUSE.

*Bazoche*, 3 l. a. s., 5 p. in-4. — *Garnier*, 2 l. a. s., 2 p. in-4. — *Humbert*, l. a. s., 1 p. in-4. — *Harmand*, 2 l. a. s., 3 p. in-4, p. a. s., 5 p. in-folio (notes biographiques). — *Roussel*, apostille aut. sig. — *Pons*, 3 l. a. s., 1 p. in-8, 1 p. in-4 et 1 p. 1/2 in-folio ; 3 pièces de vers aut. sig., 6 p. in-4 ; 1 p. s., 1 p. in-folio. — *Moreau*, l. a. s. 1 p. in-4.

## 865. MONT-BLANC.

*Balmain*, l. a. s., 2 p. in-4. — *Carelli*, l. a. s., 2 p. in-4 et p. s., 1 p. in-4. — *Dubouloz*, p. a. s., 1 p. in-4. — *Duport*, 2 l. a. s., 2 p. in-4. — *Dumas*, l. a. s., 1 p. in-4 et p. a. s., 1 p. in-4, (état de ses services). — *Gumery*, l. a. s., 1 p. in-4 ; p. s., 1 p. in-folio. — *Marin*, p. a. s., 1 p. in-4.

## 866. MONT-TERRIBLE.

*Lémane*, 2 l. a. s., 1/2 p. in-8 et 1/3 de p. in-folio. — *Rougemont*, apostille signée.

## 867. MORBIHAN.

*Brüe*, 3 l. a. s., 6 p. in-4. — *Corbel*, l. a. s., 3 p. in-4. — *Chaignart*, l. a. s., 1/2 p. in-8. — *Gillet*, l. a. s., 3 p. in-folio. — *Lemailliaud*, l. a. s., 1 p. in-8. — *Michel*, l. s., 1 p. in-4 et 1 l. a. s., 1 p. in-4.

### 868. MOSELLE.

*Bar*, 2 p. s., 3 p. in-4 et 1/2 p. in-folio. — *Becker*, 3 l. a. s., 5 p. in-4 ou in-folio et 1 p. s., 1 p. in-folio. — *Blaux*, 3 l. a. s., 3 p. in-4, (l'une de ces pièces contient sa démission de la place de juge). — *Couturier*, 2 l. a. s., 2 p. in-4 ou in-8 ; p. a. s., 7 p. in-4 (additions à son testament). — *Karcher*, apostille aut. sig. — *Hentz*, l. a. s., 5 p. in-folio. — *Thirion*, 4 l. a. s., 7 p. in-folio ou in-4.

### 869. NIÈVRE.

*Dameron*, l. a. s., 3/4 de p. in-4. — *Laplanche*, l. a. s., 2 p. 1/2 in-4. — *Jourdan*, 3 l. a. s., 5 p. in-4 ; p. a. s., 1 p. in-4, (état de ses services). — *Guilleraull*, l. a. s., 3/4 de p. in-folio. — *Legendre*, 2 l. a. s., 2 p. in-4, et l. s., 1 p. 1/2 in-folio. — *Lefiot*, l. a. s., 1 p. in-folio. — *Sautereau*, l. s., 1 p. in-folio.

### 870. NORD.

*Briez*, 2 l. a. s., 4 p. 1/2 in-4. — *Cochet*, l. a. s., 1 p. 1/2 in-4. — *Derenty*, 2 l. s., 2 p. in-4. — *Gossuin*, l. s., 1/2 p. in-folio. — *Duhem*, l. a. s., 1 p. 1/2 in-4 et l. s., 1 p. in-folio. — *Lesage-Senault*, l. a. s., 1 p. in-4 et l. s., 1/2 p. in-4. — *Sallengros*, 2 l. a. s., 2 p. in-4. — *Poullier*, 2 l. a. s., 3 p. in-4 et 2 p. a. s., 1 p. 1/2 in-folio. — *Daoust*, apostille aut. sig.

### 871. OISE.

*Portiez*, 2 l. a. s., 2 p. in-4. — *Massieu*, l. a. s., 2 p. in-4 et l. s., 1 p. in-folio. — *Mathieu*, 3 l. a. s., 5 p. in-4. — *Isoré*, l. a. s., 1 p. in-4 ; p. a. s., 4 p. in-folio (notice biographique). — *Godefroy*, 2 l. a. s., 5 p. in-4 ou in-folio. — *Danjou*, l. a. s., 3 p. in-4 et p. s., 1 p. in-folio. — *Delamarre*, 1 p. in-8. — *Calon*, 2 l. a. s., 2 p. in-4. — *Bezard*, 2 l. a. s., 1 p. in-4 et 1 p. in-8 ; p. s., 1/2 p. in-4. — *Auger*, l. a. s., 2 p. in-4 ; p. s., 1 p. in-folio.

### 872. ORNE.

*Thomas*, 2 l. a. s., 3 p. in-4. — *Dugué d'Assé*, 2 l. a. s., 2 p. p. in-4. — *Fourmy*, l. a. s., 1 p. in-4. — *Desgroüas*, l. a. s., 1/2 p. in-4. — *Jullien-Dubois*, 2 l. a. s., 2 p. in-4. — *Colombel*, l. a. s., 1 p. in-4. — *Castaing*, 2 l. a. s., 3 p. in-4. — *Beauprey*, 3 l. a. s., 5 p. in-4.

### 873. PARIS.

### — BOUCHER SAINT-SAUVEUR (Antoine).

1° 3 p. s., en qualité de président du Comité de surveillance de la section de Marseille ; 13, 29 et 30 août 1792, 2 p. in-4 et 1 p. in-8 oblong.

2° L. a. s. au président de la section de Marseille ; 22 septembre 1792, 1/2 p. in-4.

Il donne sa démission de juré de jugement.

3° L. s. comme président de la commission des 16 ; 24 frimaire an III (14 décembre 1794), 1 p. 1/2 in-folio.

4° 2 l. a. s., 3/4 de p. in-4 et 1 p. in-8.

— BOURGAIN (Denis-Guillaume).

1° 3 p. signées comme administrateur faisant partie du directoire du département de Paris ; 12 mars, 26 juin et 28 août 1793, 3 p. 1/2 in-folio.

2° P. s. par LOZE, président de l'Assemblée électorale du département de Paris ; Paris, 22 septembre 1792, 1/2 p. in-folio.

Il certifie que Bourgain a été nommé député suppléant du département de Paris à la Convention.

— BOURSAULT (Jean-François).

1° P. s., 4 septembre 1791, 1 p. in-4.

Il certifie que les recettes de son théâtre, du 4 juillet au 4 septembre, se sont élevées à la somme de 26.872 livres.

2° P. s. ; Paris, 13 novembre 1792, 1 p. in-4.

Il reconnait avoir reçu de la section de l'Observatoire, 4 chevaux provenant de l'émigré Gilbert Voisin.

3° 3 l. a. s., 2 l. s. ; an II-an IV, 7 p. in-4.

Lettres relatives à ses missions dans les départements de l'Ouest et de la Vaucluse.

4° L. a. s. à M. Carré ; 30 mars 1806, 3 p. in-4.

Lettre relative à la suppression de son théâtre. — On a joint la lettre de faire-part de son décès.

— DESRUES (Philippe-François).

L. a. s. au comité de surveillance de la commune de Vaugirard ; Paris, 2 prairial an II (21 mai 1794), 1 p. in-4.

— LAIGNELOT (Joseph-François).

1° L. a. s. au Comité de salut public ; Brest, 19 nivôse an II (8 janvier 1794), 1 p. 1/2 in-folio.

Il annonce son arrivée à Brest. Il a été arrêté un jour par Charette qu'il a fallu battre à Machecoul. Détail sur l'état d'esprit des Brestois.

2° L. s. au comité révolutionnaire de Vitré ; Laval, 14 messidor an II (2 juillet 1794), 2 p. in-folio.

3° P. s. par BLAUX, BILLAUD-VARENNE, LEJEUNE, LAKANAL, RAMEL, MERLIN (de Douai), DUHEM, inspecteur, président et secrétaires de la Convention ; Paris, 11 septembre 1793, 1 p. in-folio.

Passeport pour le représentant Laignelot, député par la Convention à la Rochelle et à Rochefort.

4° P. s. par LAIGNELOT, signée aussi par LA REVELLIERE-LÉPEAUX, BAR et GLEIZAL.

Certificat de vie pour Laignelot.

## — LAVICOMTERIE (Louis-Charles de).

1° P. s., signée aussi par ÉLIE LACOSTE, VADIER, DUBARRAN, VOULLAND, membres du Comité de sûreté générale ; 23 pluviôse an II (11 février 1794), 1 p. in-4.

Document concernant le paiement des frais de garde du détenu Damerval.

2° L. s., signée aussi par LACOSTE, J.-L. DAVID, DUBARRAN, LOUIS (du Bas-Rhin), VOULLAND, au Comité révolutionnaire du département du Calvados ; 1er germinal an II (21 mars 1794).

Ordre de mettre en arrestation le nommé De Marguerie, ci-devant colonel des gardes du tyran.

3° L. a. s. ; 4 floréal an VII (23 avril 1799), 1 p. in-4.

Il se plaint de la misère dans laquelle il est tombé.

4° L. a. s. ; 14 floréal an XII (4 mai 1805), 1 2 p. in-4.

## — LEGENDRE (Louis).

1° L. s. au citoyen Leduc ; Rouen, 16 septembre 1793, 1 p. in-4.

2° Apostille aut. sig., en marge d'une pétition, 1 p. in-folio.

## — MANUEL (Pierre-Louis).

1° L. a. s., 1 p. in-4.

Intéressante lettre relative à l'éloge de Mirabeau.

2° L. a. s. à M. Laplace ; Paris, 29 avril 1792, 1 p. in-4.

Il le remercie de lui avoir envoyé de bons livres, qu'il n'a pas le loisir de de lire malheureusement. « C'est un supplice pour celui qui aime les lettres de n'avoir que des affaires. »

3° L. a. s., 1 2 p. in-4.

## — ORLÉANS (Louis-Philippe-Joseph, duc d'), dit *Egalité.*

1° P. s. ; 30 août 1785, 1 2 p. in-folio.

2° L. s. ; 25 juillet 1792, 1 p. in-4.

Lettre relative aux difficultés que lui suscite le département de l'Aisne dans la jouissance de ses biens de La Fère, Marle, Ham et St-Gobain.

3° 5 pièces manuscrites, signées par ROUSSEL, secrétaire de la commission créée par la Convention pour l'examen des papiers des députés morts, en fuite et en arrestation, 10 p. in-4.

Curieuses pièces qui contiennent la copie de différentes lettres adressées par *Egalité* à Louis XVI, à ses fils ou adressée à *Egalité* par Madame de Sillery-Genlis, par Voidel à M. de Chartres, fils aîné du duc d'Orléans. — Ces documents, assez compromettants pour le duc d'Orléans, Pétion et Voidel, ont dû servir au procès d'*Egalité*.

— **OSSELIN** (Charles-Nicolas).

1° P. a. s. ; 20 août 1792, 3/4 de p. in-4.

2° L. a. s. aux administrateurs du département de Seine-et-Oise ; Paris, 12 avril 1793, 1 p. in-4.

Il demande que son nom soit rayé de la liste des émigrés dressée dans le canton de Jouy en Josas.

3° P. a. s., signée aussi par INGRAND ; 12 juin 1793, 3/4 de p. in-folio.

4° L. a. s. ; Bicêtre, 20 pluviôse an II (8 février 1794), 1 p. 1/3 in-4.

Importante lettre écrite de prison. Il demande qu'on verse à sa mère ses appointements de député. Sa mère est pauvre et ne peut subvenir à ses besoins.

— **PANIS** (Etienne-Jean).

1° 2 l. s. comme administrateur au département de police ; 26 mars 1792, 2 p. 1/2 in-4.

Sur le crédit des billets de la caisse de commerce qui circulent dans Versailles. Demande des registres du Parlement pour l'immatriculation des rentes.

2° Apostille signée, signée aussi par LEGENDRE, 1 p. in-folio.

3° L. a. s. ; Paris, 30 messidor an VII (18 juillet 1799), 1/2 p. in-4.

Il n'accepte pas la place à laquelle le Directoire l'a nommé. Il donnera les motifs de son refus.

4° L. aut., 1/2 p. in-4.

Il demande, en termes pressants, le remboursement d'une dette.

5° 3 l. aut. à Madame Duplessis (belle-mère de C. Desmoulins ; (an XI), 5 p. petit in-4.

Intéressantes lettres presqu'entièrement relatives à Horace Desmoulins, dont Panis paraît avoir surveillé les études. — On a joint une pièce de vers aut. intitulée : au *Bosquet de Lucile*. (Panis était très lié avec C. Desmoulins et conserva des relations avec sa belle-mère, M^me Duplessis).

6º Manuscrit aut., 5 p. 1/2 in-4.

Réfutations d'un pamphlet où il est accusé d'avoir organisé les massacres de septembre.

— ROBERT (François).

1º L. a. s. à la commission des administrations civiles, police et tribunaux ; Liège, 12 prairial an III (31 mai 1795), 1/2 p. in-4.

Il va se conformer au décret de la Convention qui le rappelle dans son sein.

2º L. a. s. à Préval ; Matagne-la-petite, près Givet, 8 germinal an IV (28 mars 1796), 1 p. in-4.

Lettre relative aux dispositions financières prises par sa femme.

3º L. a. s. à Prudhomme ; Paris, 8 janvier 1810, 1/2 p. in-8.

— ROUSSEAU (Jean).

3 l. a. s. ; 1795-1803, 3 p. in-4.

— SERGENT-MARCEAU (Antoine-François).

L. a. s. à Taschereau, 4 p. in-8.

Curieuse épître où il raconte que c'est lui qui a fait nommer le duc d'Orléans à la Convention

— VAUGEOIS (Gabriel).

L. a. s. à M. Fret ; Laigle, 15 juin 1837, 3 p. in-4.

Intéressante lettre toute relative à ses travaux historiques.

— ÉLECTIONS PARISIENNES A LA CONVENTION.

P. s., par LULIER, 1er député suppléant, FOURCROY, 4e suppléant, BOURGAIN, 5e suppléant, ROUSSEAU, 6e suppléant, et DESRUES, 8e suppléant ; 24 septembre 1792, 1 p. in-4 oblong.

Ils déclarent accepter leur nomination de députés suppléants du département de Paris à la Convention.

## 874. PAS-DE-CALAIS.

*Bollet*, 4 p. s., 4 p. in-folio. — *Personne*, p. a. s., 1 p. in-4. — *Garnier*, l. a. s., 3 p. in-folio. — *Enlart*, l. a. s., 1 p. in-4. — *Guffroy*, 2 l. a. s., 3 p. in-8 ou in-4. — *Varlet*, l. a. s., 3 p. 1/2 in-4.

## 875. PUY-DE-DOME.

*Artaud-Blanval*, 2 l. a. s., 2 p. in-4. — *Bancal*, 2 p. s., 2 p. in-folio. — *Girot*, l. a. s., 1/2 p. in-4, p. s., 1 p. in-4. — *Gibergues*, l. a. s., 2 p. in-4. — *Dulaure*, apostille aut. sig. — *Laloüe*, 2 l. a. s., 2 p. in-4. — *Jourde*, l. s., 1 p. in-4. — *Rudel*,

2 l. a. s., 2 p. in-4; l. s., 1 p. in-4. — *Pàcrôs*, apostille signée, signée aussi par ses collègues : *Jourde, Laloüe, Girot-Pouzol, Dulaure, Rudel, Artauld, Gibergues*, 2 p. in-folio. — *Monestier*, 3 l. a. s., 3 p. in-4.

## 876. PYRÉNÉES-ORIENTALES.

*Cassanjes*, 2 l. a. s., 2 p. 1/2 in-4 et 2 l. s., 2 p. in-4. — *Guiter*, l. a. s., 2 p. in-4. — *Montegut*, l. s., 1 p. 1/2 in-4.

## 877. RHONE-ET-LOIRE.

*Chasset*, l. a. s., 4 p. in-4. — *Patrin*, 4 l. a, s. 5 p. in-4. (Une d'elle est relative à son arrestation). — *Pointe*, 2 l. s., 2 p. in-4 et 1 l. a. s., 1 p. in-folio. — *Pressavin*, l. a. s., 2 p. 1/2 in-4. — 3 l. a. s., 4 p. in-4. — *Dupuy*, l. a. s., 1 p. 1/2 in-4. — *Forest*, l. s., 1 p. 1/2 in-4. — *Cussel*, l. a. s., 1 p. in-folio. — *Dubouchet*, 2 l. a. s., 2 p. in-folio.

## 878. SAONE-ET-LOIRE.

*Chamborre*, 2 l. a. s., 4 p. in-4. — *Millard*, p. s., 1 p. in-folio. *Baudot*, p. a. s., 3/4 de p. in-4. — *Cordier*, l. a. s., 1 p. in-4 et 1 p. s., 1 p. in-4. — *Guillemardet*, 2 l. a. s., 2 p. in-4 et p. s., 3/4 de p. in-folio. — *Mailly*, l. a. s., 3 p. in-4; p. s., 1 p. in-folio. — *Roberjot*, p. a. s., 1 p. in-4. — *Reverchon*, 2 l. a. s., 2 p. 1/2 in-4. — *Moreau*, l. a. s., 1/2 p. in-8.

## 879. SARTHE.

*Salmon*, l. a. s., 1 p. in-4. — *Richard*, p. s., 1 p. in-4; 2 l. a. s., 2 p, in-4. — *Boutrouë*, l. a. s., 1 p. in-folio. — *Cornilleau*, l. a. s., 2 p. in-4. — *Froger*, l. s., 2 p. in-4. — *Levasseur*, 2 l. a. s., 4 p. in-4. — *Le Tourneur*, l. a. s., 1 p. in-folio. — *Lehault*, apostille aut. sig.

## 880. SEINE-ET-MARNE.

*Defrance*, 2 l. a. s., 2 p. in-4. — *Bailly*, l. a. s., 2 p. in-4. — *Bernier*, l. a. s., 1/2 p. in-4. — *Geoffroy*, l. s., 1 p. in-4. — *Himbert*, 2 l. a. s., 3 p. in-4. — *Viquy*, 3 p. s., 5 p. in-folio. — *Tellier*, l. a. s., 2 p. in-4; p. a. s., 2 p. in-folio; p. s., 1 p. in-folio. — *Roy*, 2 l. a. s., 2 p. in-8. — *Opoix*, l. a. s., 2 p. 1/3 in-4.

## 881. SEINE-ET-OISE.

*Alquier*, 2 l. a. s., 1 p. in-4 et 2 p. 1/2 in-folio. — *Audouin*, l. a. s., 1 p. in-4. — *Bassal*, p. a. s., 1/2 p. in-4. — *Kersaint*, p. s., 1 p. in-folio. — *Haussmann*, l. a. s., 1 p. in-folio. — *Lecointre*, 3 l. a. s., 5 p. in-4; 3 l. s., 3 p. 1/2 in-folio et 2 p. in-4. — *Venard*, 2 l. s., 2 p. in-4. — *Treilhard*, 2 l. a. s., 4 p. in-4. — *Richaud*, l. a. s., 1 p. 1/2 in-4 et 1 l. s., 2 p. in-folio. — *Mercier*, l. a. s., 2 p. in-4.

## 882. SEINE-INFÉRIEURE.

*Bailleul*, 1. s., 1 p. in-folio ; 1. a. s., 1 p. in-4. — *Albitte jeune*, p. s., 1/2 p. in-folio. — *Albitte ainé*, 5 1. a. s., 10 p. in-4 ou in-8. — *Blutel*, 3 1. a. s., 3 p. in-4. — *Bourgois*, apostille aut. sig. — *Delahaye*, 1. s., 1 p. in-4 ; 1. a. s., 1 p. in-4. — *Duval*, 2 1. a. s., 3 p. in-4. — *Hardy*, 1. a. s., 1 p. in-8 oblong ; p. s., 1 p. in-folio. — *Mariette*, 1. a. s., 1 p. in-4. — *Lefebvre*, 1. a. s., 1 p. in-folio. — *Lecomte*, 1. a. s., 1 p. 1/2 in-4. — *Ruault*, p. a. s., 1 p. in-folio. — *Pocholle*, 2 1. a. s., 2 p. 1/2 in-folio ; 1 p. in-folio.

## 883. SOMME.

*De Vérité*, 3 1. a. s., 3 p. in-8 ou in-folio ; 1. s., 2 p. 1/2 in-folio. — *Dequen*, apostille aut. sig. (pièce découpée). — *Delecloy*, p. a. s., 1/2 p. in-8. — *Gantois*, apostille signée. — *Dumont*, 1. a. s., 1 p. in-4. — *Louvet*, 1. a. s., 1 p. 1/2 in-4 et p. s., 1 p. in-folio. — *Scellier*, 1. a. s., 1 p. in-4. — *Saladin*, p. s., 2 p. in-folio.

## 884. TARN.

*Terral*, 1. a. s., 3 p. in-4 et apostille signée. — *Rochegude*, 1. a. s., 1/2 p. in-4 et p. s., 1 p. in-folio. — *Meyer*, 1. a. s., 1 p. in-4. — *Lacombe Saint-Michel*, 2 1. a. s., 4 p. in-8 ; 1 p. aut. sig., 1 p. in-4 ; 2 p. s., 2 p. in-4. — *Daubermesnil*, 2 1. a. s., 4 p. in-4. — *Tridoulat*, p. s., 1 p. in-4.

## 885. VAR.

*Laurens*, apostille signée. — *Charbonnier*, 1. a. s., 2 p. in-4. — *Despinassy*, 1. s., 1 p. in-folio. — *Ricord*, 2 1. a. s., 2 p. in-4.

## 886. VENDÉE.

*Goupilleau*, (de Montaigu), 2 1. a. s., 3 p. in-4 ; p. s., 1 p. in-folio. — *Goupilleau* (de Fontenay), 1. a. s., 1 p. in-folio ; p. a. s., 1 p. in-folio ; p. s. ; 1 p. 1/2 in-folio. — *Gaudin*, 2 1. a. s., 2 p. in-4. — *Garos*, 3 1. a. s., 12 p. in-4. — *Maignen*, 1. a. s., 1 p. in-4, coupée en marge. — *Mussel*, 4 1. a. s., 6 p. in-4 ou in-folio.

## 887. VIENNE.

*Bion*, 1. a. s., 1 p. in-4. — *Creuzé-Pascal*, 1. a. s., 1 p. in-4. — *Creuzé-Latouche*, 2 1. a. s., 3 p. in-4 ; p. s., 1 p. in-folio. — *Ingrand*, 1. a. s., 1/2 p. in-4 ; p. s., 1 p. 1/2 in-folio. — *Thibaudeau*, 3 1. a. s., 3 p. in-4. — *Piorry*, 1. a. s., 4/2 p. in-4 ; 2 p. s., 2 p. in-folio.

## 888. VOSGES.

*Balland*, 1. a. s., 2 p. in-4. — *Bresson*, 1. a. s., 1 p. in-4. — *Couhey*, 2 1. a. s., 1 p. 1/2 in-4 et 1/2 p. in-folio. — *Cherrier*,

l. a. s., 1 p. in-4. — *Fricot*, l. a. s., 1 p. in-8. — *Souhait*, 2 l. a. s., 5 p. in-4. — *Poullain-Grandprey*, 2 l. a. s., 4 p. in-4 et l. s., 1 p. in-4. — *Perrin*, l. a. s., 1 p. in-4. — *Noël*, l. a. s., 1 p. in 4.

## 889. YONNE.

*Precy*, l. a. s., 1 p. 1/2 in-4. — *Turreau*, 2 l. a. s., 3 p. in-4 ; l. s., 1 p. in-4. — *Villetard*, 2 l. a. s., 3 p. in-4. — *Finot*, apostille aut. sig.

# COMITÉS DE LA CONVENTION

## 890. COMITÉ DE SALUT PUBLIC.

53 pièces, lettres originales ou extraits des registres ; 25 avril 1792-18 vendémiaire an IV.

PRÉCIEUX DOSSIER, dans lequel on rencontre les signatures de GUYTON DE MORVEAU, CAMBON, R. LINDET, BERLIER, RAMEL, CARNOT, BILLAUD-VARENNE, COLLOT D'HERBOIS, BARÈRE, PRIEUR (de la Marne), HÉRAULT DE SÉCHELLES, THURIOT, ESCHASSÉRIAUX, TREILHARD, COCHON, BRÉARD, DELMAS, LALOY, MERLIN (de Douai), FOURCROY, CAMBACÉRÈS, RICHARD, A. DUMONT, BOISSY D'ANGLAS, PELET, CHAZAL, MAREC, DUBOIS-CRANCÉ, TALLIEN, CREUZÉ-LATOUCHE, LESAGE (d'Eure-et-Loir), LAPORTE, D. AUBRY, SIÉYES, ROUX, REUBELL, LACOMBE (du Tarn), BLAD, DOULCET, GAMON, RABAUT-POMIER, LE TOURNEUR (de la Manche), DE BRY, GOURDAN. Nous ne pouvons donner qu'une analyse très succincte que nous disposons dans l'ordre chronologique : 1793. *25 avril* : Dénonciation contre des officiers complices de Dumouriez. — *23 mai*. Circulaire pour la paie des volontaires. — *5 juillet*. L'arrestation d'un citoyen peut-elle entraver l'avancement d'un de ses parents ? — *29 août*. Nomination de Frey, à la place d'accusateur militaire près l'armée des Côtes de Brest. — *9 septembre*. Dénonciation contre l'ex-constituant Folleville. — *28 septembre*. Dénonciation contre la réintégration de Rossignol. — *15 octobre*. Envoi d'une lettre de Massa, concernant les émigrés, prisonniers de guerre. — *17 octobre*. Danger de l'embarquement des grains dans les départements de l'Ouest. — AN II. *30 brumaire*. La mission de Jeanbon est de circonstance et d'urgence. — *17 frimaire*. Le citoyen Aufrye est nommé essayeur à la monnaie. — *12 ventôse*. Mise en réserve des marchandises de la Compagnie des Indes. — *9 ventôse*. Mesures pour stimuler la rentrée des impôts à Paris. — *19 ventôse*. Fixation de la somme allouée aux agents nationaux pour leurs frais de voyage. — *14 germinal*. Fourniture d'un état des billets de caisse en circulation le 17 avril 1790. — *3 prairial*. Les notaires sont fonctionnaires publics et ne peuvent être agents nationaux. — *4 messidor*. Division en 4 arrondissements des établissements désignés pour le départ du métal des cloches. — *18 messidor*. Ordre de faire exécuter 3 voitures sur un modèle donné, pour le transport des blessés. — *26 messidor*. La Section des piques est autorisée à céder les bateaux de charbon qu'elle possède. — *12 thermidor*. Réforme du service de la trésorerie de la ville de Paris (minute de la main de Lindet). — *16 thermidor*. Arrestation de Lebas, adjudant-général à l'armée de Sambre-et-Meuse. — *1er fructidor*. Des citoyens qui se sont retirés brusquement de Paris peuvent y rentrer s'ils ne sont pas compris dans les dispositions du décret des 26 et 27 germinal ; (Minute de la main de Lindet). — *15 fructidor*. Autorisation au citoyen J. Guérard pour faire charger, au Hâvre-Marat, certaines marchandises. — *17 fructidor*. Sur la question de savoir si les commissions ont le droit de nommer aux emplois supérieurs. — Don d'un mousqueton à un gendarme qui a perdu le sien dans la nuit du 9 au 10 thermidor. — AN III. *25 vendémiaire*. Arrêt concernant la fabrication des lunettes achromatiques. — *16 brumaire*. Fourniture de chevaux à une maîtresse de poste, qui ne peut s'en procurer. — *13 frimaire*. Hassenfratz est chargé de faire des expériences sur les lumières produites par des combustibles divers. — *13 frimaire*. Vente des poulains existants dans les dépôts de remonte. — *17 frimaire*. Mesures pour la fabrication de la soude. — *16 nivôse*. La maison Brancas à Sèvres peut être vendue au citoyen Séguin. — *18 nivôse*. Nomination de Lebel, comme membre de l'agence des subsistances générales. — *24 nivôse*. Nomination du citoyen Merk, à l'emploi d'adjudant-général. — *2 pluviôse*. Nécessité d'économiser le bois de chauffage. — *15 pluviôse*. Acquisition d'une maison à Pontoise, pour y établir un dépôt de farines. — *21 pluviôse*. Délibération sur le doublage des vaisseaux. — *11 germinal*. Le comité désire que les généraux veillent à l'envoi de rapports décadaires. — *18 germinal*. Le général Thurreau est autorisé à choisir 3 chevaux et les harnais, pour lui permettre de rejoindre son poste à l'armée de Rhin-et-Moselle. — *26 germinal*. Importante lettre à Le Tourneur, en mission à Toulon, sur les opérations de l'armée navale. — *26 germinal*. Mouvement des forces navales pour défendre Flessingue. — *1er floréal*. Le représentant

Paganel est envoyé en mission dans la Charente et la Corrèze pour activer l'envoi des approvisionnements nécessaires à l'armée des Pyrénées occidentales. — *10 floréal.* Suppression de l'imprimerie dirigée par Vatar. — *17 prairial.* Coupes extraordinaire de bois dans la forêt de Fontainebleau. — *19 thermidor.* Dubois-Freney, capitaine du génie, est mis en réquisition, pour contribuer aux travaux militaires du comité. — *1er fructidor.* Sur la politique des puissances italiennes. — *5e jour complémentaire.* Deux bataillons du camp de St-Omer se porteront l'un dans le département de la Seine-Inférieure, l'autre sur Beauvais, etc.

## 891. COMITÉ DE SURETÉ GÉNÉRALE.

70 pièces, lettres ou arrêtés, signées par INGRAND, MÉAULLE, OSSELIN, CAVAIGNAC, DROÜET, LEGENDRE, ROVÈRE, BRIVAL, AMAR, LAIGNELOT, ALQUIER, LAVICOMTERIE, GUFFROY, A. DUMONT, JULLIEN (de Toulouse), BASIRE, BAYLE, LACOSTE, LOUIS (du Bas-Rhin), JAGOT, VOULLAND, DUBARRAN, VADIER, LE BAS, GOUPILLEAU (de Fontenay), MERLIN (de Thionville), BERNARD (de Saintes), LEGENDRE, REUBELL, GARNIER (de l'Aube), MATHIEU, LE VASSEUR (de la Meurthe), BENTABOLE, CLAUZEL, BOURDON (de l'Oise), COLLOMBEL (de la Meurthe), REVERCHON, LA PORTE, MONMAYOU, CALÈS, KERVELEGAN, QUIROT, LESAGE-SENAULT, LAIGNELOT, MÉAULLE, BARRAS, HARMAND, LOMONT, GOUPILLEAU (de Montaigu), BOUDIN, VARDON, PERRIN, AUGUIS, YSABEAU, DELECLOY, THIBAUDEAU, PÉMARTIN, GUYOMAR, SEVESTRE, BERGOEING, COURTOIS, PIERRET, MARIETTE, P.-N. DELAUNAY, BAILLY, BAILLEUL, GENEVOIS, L. LECLERC, GAUTHIER.

PRÉCIEUX DOSSIER. Voici une analyse succincte des principales pièces : *1793, 21 avril.* Ordre d'incarcérer à l'Abbaye la famille Guiomarey et 25 autres personnes. — *26 août.* Ordre d'arrêter la comtesse de La Myre et l'abbé Tournier. — *2 septembre.* Le 26e régiment ne doit pas quitter Amiens. — *8 septembre.* Levée des scellés apposés chez François de Neufchâteau. — *An II. 14 prairial.* Raffet, commandant du bataillon de la section de la Montagne est déclaré émigré. — *15 messidor.* Surveillance des ex-nobles qui commettent des tentatives criminelles contre l'École de Mars. — *An III. 19 vendémiaire.* Arrestation de Sauran, membre de l'ancien comité révolutionnaire de la section des Amis de la Patrie. — Arrestation de Masson, membre de l'ancien comité révolutionnaire de la Fraternité. — *15 frimaire.* Il ne sera délivré de cartes de sûreté qu'aux citoyens qui prêteront serment de fidélité à la République. — *3 nivôse.* Arrestation de Vincent Noël, directeur du jury, complice de Robespierre. — *11 nivôse.* Mesures pour le maintien de la tranquillité dans Paris. — *22 pluviôse.* Envoi des pièces relatives à Barère et à Vadier. — *2 germinal.* 25 hommes sont envoyés à Franciade pour le maintien de la paix. — *8 floréal.* Mesures pour le désarmement. — *4 thermidor.* Répression du brigandage qui désole le département de la Seine-Inférieure. — *10 thermidor.* Mise en liberté de Baillard, inspecteur provisoire du garde-meuble. — *3 fructidor.* Ouverture de deux églises dans Paris. — Plusieurs des arrêtés sont écrits par Bayle, Goupilleau (de Fontenay), Merlin (de Thionville), Ysabeau, Rovère.

## 892. COMITÉ DES FINANCES.

15 pièces signées par SERVIÈRE, RAMEL, BORDAS, CAMBON, GAROS, JOHANNOT, RÉAL, HUMBERT, BRISSON, LOMBARD-LACHAUX, RICHAUD, MONNOT, E.-L. BEFFROY, JULLIEN DUBOIS, LECLERC, DYZEZ, J. LE FEBVRE, JACOB, GUMERY, J.-T.-L. LEMOINE, B. LAURENS, P.-F. CHARREL, CREUZÉ-LATOUCHE, ROUZET, RÉAL, VERNIER, FORESTIER, DERAZEY.

Important dossier concernant : la compagnie des monnayeurs de Paris, la vérification des comptes provenant des taxes révolutionnairess ; secours à accorder aux exécuteurs sans emploi ; succession de Verdan, oncle et neveu, ex-fermiers généraux, vente des biens nationaux ; opérations du cadastre parisien, etc.

## 893. COMITÉ DE LA GUERRE.

5 pièces où l'on rencontre des signatures de : GOSSUIN, TALOT, CHOUDIEU, COCHON, DELMAS, LE TOURNEUR, LEGOT, CAVAIGNAC, BOURBOTTE, BODIN, CALON, OLIVIER-GERENTE, F. AUBRY, VILLETARD, MERLIN (de Thionville), CHATEAUNEUF-RANDON, MILHAUD, PENIÈRES.

*7 frimaire an II* (à Goupilleau de Montaigu). Concernant la levée extraordinaire des chevaux. — AN III. *24 frimaire.* Sur le règlement provisoire de la garde nationale parisienne. — *13 pluviôse.* Rétablissement, dans ses fonctions, du général de division Hesse. — *21 ventôse.* Concernant la réclamation du général Harville.

## 894. COMITÉ DE LÉGISLATION.

6 pièces signées par CAMBACÉRÈS, BERLIER, BÉZARD, MERLIN (de Douai), OUDOT, F. GUIOT, PONS (de Verdun), BOURET, VIGNERON, LAPLAIGNE.

*16 brumaire an II.* Poursuite des auteurs d'un vol de 600.000 francs, fait à la Trésorerie nationale. — *2 ventôse.* Conseils pour les enfants de leur collègue Fabre, etc.

## 895. COMITÉS DIVERS.

13 pièces émanées des comités des assignats, du commerce et des approvisionnements, de l'instruction publique, des transports, des pétitions, de surveillance des marchés, des inspecteurs de la salle.

Intéressant dossier dans lequel on rencontre des signatures de : PELLETIER, GAILLARD, PRESSAVIN, THIBAULT, SAURINE, BOURGEOIS, CHEDANEAU, HÉRARD, FIQUET, DUVAL, FOUCHER, FRANÇOIS, VILLERS, SCELLIER, VILLAR, BARAILON, THIBAUDEAU, M.-J. CHÉNIER, LEQUINIO, MASSIEU, C.-A. PRIEUR, PLAICHARD, BONNET, LAKANAL, PETIT, RABAUT-POMIER, MERCIER, DELEYRE, BAILLEUL, LALANDE, DEFRANCE, LE BRETON, MARBOS, MEJANSAC, SERVONAT, DUBOULOZ, BOLOT, RUDEL, FOURNIER, SALMON, DESAULX, SAINT-PRIX, CHASTELLAIN, DORNIER et LEJEUNE.

# REPRÉSENTANTS AUX ARMÉES

## 896. LYON.

1º P. s. par Chateauneuf-Randon et de la Porte; quartier-général de Lyon, 13 octobre 1793, 1 p. in-folio.

Organisation des commissions militaires pour juger des délits à l'armée des Alpes.

2º P. s. par Chateauneuf-Randon; Mende, 19 frimaire an II (9 décembre 1793), 3 p. in-folio.

Arrêté pour empêcher l'accaparement des grains par les communes d'Aurillac et de Saint-Flour.

3º P. a. s. de Reverchon, signée aussi par Dupuy; Commune-Affranchie, 24 floréal an II (13 mai 1794), 1 p. in-folio, tête et vignette imprimées.

Mise en liberté de Roberjot, agent national de district de Mâcon.

4º P. s. par Reverchon et Dupuy; Commune-Affranchie, 7 messidor an II (25 juin 1794), 1 p. 1/2 in-folio, tête et vignette imprimées.

## 897. ARMÉES DU MIDI.

6 lettres ou pièces signées par Garrau, Jeanbon Saint-André, Gasparin, Albitte, Saliceti, Bonnet, Gassanyes, Gaston, Cavaignac, Pinel aîné, Baudot.

Intéressant dossier concernant les armées des Pyrénées occidentales et orientales.

## 898. ARMÉES DU NORD.

16 lettres ou pièces signées par Merlin (de Thionville), Haussmann, Reubell, Cochon, Bellegarde, Lequinio, E. Lacoste, Peyssard, Delbrel, Ehrmann, Richaud, Mallarmé, Guyardin, J.-B. Lacoste, Laurent, Briez.

Important dossier contenant des lettres des représentants du peuple, envoyées aux armées du Nord et dans les places frontières. Ce dossier contient notamment une lettre à Beurnonville (10 février 1793), sur la défense de Mayence et de Francfort, qui est extrêmement importante.

## 899. ARMÉES DE L'OUEST.

19 pièces ou lettres où l'on trouve des signatures de Prieur (de la Marne), Romme, C.-A. Prieur, L. Bourdon, Goupilleau

(de Fontenay), MERLIN (de Douai), GILLET, RICHARD, BOUR-
BOTTE, TALLIEN, R. LINDET, OUDOT, JEANBON SAINT-ANDRÉ,
LE CARPENTIER, BRÉARD, POMME, GUIMBERTEAU, BOLLET,
GUEZNO, GRENOT, GUERMEUR, BRÜE, TOPSENT, BODIN et
MATHIEU.

1793. *31 mai.* Le général Wimpffen se plaint de la mauvaise direction
donnée aux recrues. — *Juillet.* « Les mesures pour secourir Nantes sont prises
par le général Biron : le général Boulard sera de la partie. » — *5 juin.*
L'amiral Morard de Galles est prévenu qu'un convoi hollandais, riche de
100 millions, est parti de Saint-Hélène. Les représentants l'engage à
l'intercepter. — AN II. *9 thermidor.* Arrestation de La Villarmois, ex-constituant et de sa famille. — *26 thermidor.* Mesures pour l'approvisionnement
de Rouen. — AN III. *9 messidor.* Arrêté pour l'arrestation des parents
d'émigrés. — *15 messidor.* Lettre au directoire du département du Calvados.
Pour revivifier l'esprit public il faut mettre sous la main de la justice
tout ce qui blesse les lois, s'arme contre la République, ou lui recrute des
ennemis.

## 900. ARMÉE DEVANT TOULON.

2 p. s. par NIOU, BRUNEL, LE TOURNEUR et SALICETI ;
nivôse an II, floréal an III, tête et vignettes imprimées.

## 901. VENDÉE ET CHOUANNERIE.

1º 3 l. s. par R. LINDET et OUDOT ; Caen, 28 septembre,
4 et 13 octobre 1793, 5 p. in-folio.

Annonce de l'envoi de quatre pièces de canon et de mille fusils à Garnier
et Carpentier, qui forment une armée à Avranches. « Nous pensons que nos
deux collègues se concerteront pour veiller également à la défense de
Cherbourg et aller au devant des rebelles ; nous les avons priés de ne
jamais perdre de vue nos côtes et nos ports. » — Bel éloge du 9º hussards,
commandé par le colonel Morgant. — Leurs collègues Carrier et Pocholle
demandent que le général Sépher, envoie deux bataillons à Saint-Malo. Quels
dangers court cette place ? On ne le dit pas. Ils attendront des éclaircisse-
ments pour se dégarnir des troupes dont ils ont besoin. « S'il faut en imposer
à la contrée dans laquelle nous sommes, c'est dans le moment où nous
faisons arriver des subsistances, où Bayeux fait arrêter 300 personnes sus-
pectes, où l'on prend de grandes mesures à Caen... »

2º Pièce aut. sig. de RICHARD ; Saumur, 19 octobre 1793,
1 2 p. in-folio.

Le payeur-général de Maine-et-Loire mettra 34.000 fr. à la disposition de
l'administration départementale pour achever les fortifications d'Angers, et
mettre la ville en état de défense.

3º L. s. de GARNIER (de Saintes), à Bouchotte ; Cherbourg,
18 octobre 1793, 2 p. in-folio.

Il se plaint de l'ordre qui renvoie de Cherbourg le général Peyre ; il annonce
qu'il a cru devoir garder près de lui cet officier, dont l'expérience est très
utile à cette place. En l'observant de près, il a pu reconnaître son patriotisme
et son zèle pour le service de la République. Dans une inspection des côtes
qu'ils ont faite ensemble, Peyre a montré une grande connaissance des
ressources du pays pour le défendre contre les rebelles. Il l'a nommé, en
conséquence, général de brigade et Vachot, adjudant-général. — En marge
est la réponse aut. de *Bouchotte,* où il dit qu'on lui a dénoncé Peyre comme
un intrigant, un homme sans moralité, auquel on ne pardonne pas son
*attachement pour les femmes.*

4º L. s. du même aux administrateurs de la Manche;
29 octobre 1793, 3 p. in-folio.

Il est agréable pour lui d'avoir en eux des coopérateurs actifs et patriotes. « Continuez à vouloir fortement et nous dirons bientôt : *Il n'existe plus de trace de l'infâme Vendée.* » Il voit avec peine que dans les autres parties où l'on rassemble des forces, « personne ne s'occupe d'un ensemble de mesures si nécessaires pour exterminer promptement les brigands. » Le plan combiné ici est *infaillible.* Il engage les administrateurs à envoyer à Mortain les trois compagnies qu'ils ont équipées, et leur recommande la plus active surveillance, car on a vu paraître *quelques voiles anglaises.* Invitation d'approvisionner Granville, où, en cas contraire, on pourrait tenir dix jours. « Faites ramasser le plus de mitraille que vous pourrez : ce sont les dragées que nous réservons aux esclaves et aux fanatiques... »

# CONSEIL DES ANCIENS

6 BRUMAIRE AN IV — 19 BRUMAIRE AN VIII

*(28 octobre 1795 — 10 novembre 1799)*

**902.**

181 pièces autographes signées, ou seulement signées, par des membres du Conseil des Anciens, dont les noms sont énumérés ci-après. Beaucoup de ces pièces sont collectives et contiennent des noms de conventionnels obscurs, mais très rares :

ARNOULD — AUGUIS — BALLARD — BARET — BASSAGET — BERGERAS — BERTHEREAU — BLAREAU — BOUTEVILLE — BRAVEY — BROTHIER — CAILLEMER — CAILLY — CAUVET — CAVAILHON — CHAMPION — CHARTIER — CHASSIRON — CITTADELLA — CLAVIER — COCQUILLIER — CORBINAIS — COURET — COUTAUSSE — CRENIÈRE — CURIAL — DALPHONSE — DANET — DECOMBEROUSSE — DECRÉCY — DELACOSTE — DELNEUFCOURT — DELZONS — DEPERÉ — DERENTY — DUBOURG (de la Gironde) — DUBOURG (de l'Oise) — DUBUISSON — DUFFAU — DUFOURD — DUFOUR-MAISONCELLE — DUGUÉ D'ASSÉ — DUMONT LA CHARNAYE — DUMONT (du Cher) — ESNAULT — FONTENAY — GASTAUD — GAUTHERET — GAUTIER — GHEYSENS — GINTRAC — GOBERT — GODIN — GONNET — GOUPIL-PREFELNE — GUINEAU — HERNOUX — HUBAR — HUON — JACOMET — JAN — JEVARDAT-FOMBELLE — JOURDAIN — JOUSSELIN — KARCHER — LAPOTAIRE — LARMAGNAC — LAUSSAT — LAVEAUX — LE DANOIS — LEGRAND — LE MÉE — LEMERCIER — LEMOINE-DESFORGES — LEPAIGE — LE ROUGE — LÉVÊQUE — LIBORET — LOISEL — MALLEIN — MARRANNES — MENNESIER — MÉRIC — MICHIELS — MOREAU — MOULLAND — NOBLET — OLBRECHTS — PAILLET — PAPIN — PECHEUR — PERÉ — PICAULT — PIEDOÜE — POMPEI — PORTALIS — PRÉVOST — RABAUT *le jeune* — RAINGEARD — RALLIER — RASPIELLER — RIFFAULT — ROBIN — ROSSÉ — ROUJOUX — SEDILLEZ — SEGRETAIN — SERRES — SOURDÈS — TARTEIRON — THIÉBAULT — THIERRY — TONNELIER — TOULGOËT — TRONSON-DUCOUDRAY — TROTYANNE — USSIEUX — VACHER — VANDERHEYDEN — VANKEMPEN — VERNE — VERNIN. On a ajouté 9 pièces collectives signées par un grand nombre de législateurs.

NOTA. *Ce lot sera divisé au gré des amateurs, à moins qu'il n'y ait preneur pour le tout.*

**903. PARIS.**

ALBERT, 5 l. a. s. — COUSIN, 4 l. s. — LE COUTEULX DE CANTELEU, 2 l. a. s. — LENOIR-LA-ROCHE, 2 l. a. s. — RIVAUD, 3 l. s.

# CONSEIL DES CINQ-CENTS

6 BRUMAIRE AN IV — 19 BRUMAIRE AN VIII

*(28 octobre 1795 — 10 novembre 1799)*

904.

411 dossiers, dont quelques-uns renferment plusieurs pièces, lettres, pétitions, pièces collectives, etc., des législateurs dont les noms suivent : APGRALL — ABOLIN — ALBERT — ALRICY — AMELOT — ANDRÉ — ANRICH — APPERT — AUBERT — AUGEREAU — AUVERLOT — AZAÏS — BACHELOT — BAILLON — BARA — BARAILON — BARBIER-JENTY — BARRIERE — BASSENGE — BAUCHETON — BAUDET — BEAUVAIS — BELIN — BÉNARD-LAGRAVE — BERENGER — BERGEVIN — BERGIER — BERGOEING — BERLIER — BERNARD DES SABLONS — BERNARDI — BERQUIER-NEUVILLE — BERTHOT — BERTHELÉMY — BERTRAND — BEŸTS — BIDAULT — BIGONNET — BILLEREY — BILLION — BITOURÉ-LIGNIÈRES — BLANC — BLIN — BODINIER — BOELL — BOERY — BOILLEAU *aîné* — BOIROT — BOISROND — BOISVERD — BOLLIOUD — J. BONAPARTE — BONAVENTURE — BONTOUX — BOSC — BOSCHAERT — BOUAISSIER — BOULAY, de la Meurthe — BOULAY-PATY — BOURG-LAPRADE — BOURSIN — BOUVIER — BOVIS — BOYER — BRICHET — BRIOT — BRUNET — BRUSLÉ — CARDONNEL — CARRÈRE-LAGARRIÈRE — CASSAING — CASTAGNÉ — CASTAING — CASTILLON — CAYRE — CAZALIS — CAZAUX — CHABAUD — CHAIGNEAU — CHAILLOT — CHALLAN — CHALMEL — CHAMOUX — CHANORIER — CHAPELAIN — CHAPPUIS — CHENET — CHERRIER — CHOTARD — CLAIRIN — CLAIRON — COLLET-DESCOSTILS — COMBET-DOUNOUS — COMBET — COMPAŸRE — CORBUN — COSTÉ — COUPÉ — COUTAUSSE — COUZARD — CROCHON — CROZE — CUNIER — DALBY — DANEL — DARRACQ — DAUCHEL — DAUCHY — DAVID-JONQUIER — DÉFRANCE — DELAPORTE — DELATTRE — DELORME — DELPIERRE — DESMOLIN — DESPREZ — DESSAIX — DESTREM — DEVINCK-THIERRY — DISSANDES-MOULEVADES — DOUILLARD — DUBOIS — DUBOIS-DUBAIS — DUBOSQ — DUBOULOZ — DUBRUEL — DUCHASTEL-BERTHELIN — DUCHATEL — DUCOS — DUFLOS — DUFRESNE-St-LÉON — DUFRESNOY — DUGUA — DUGUET — DUHOT — DUJARDIN — DUMONCEAU — DUMOULIN — DUNEZ — DUPIRE — DUPLANTIER — DUPLAQUET — DUPOY — DURAND — DUVAL-VILLEBOGARD — DUVIQUET — EMMERY — ESTAQUE — FABRY — FARGUES — FAUVEL — FAVRE du (Mont-Blanc) — FERRAND — FÉRY — FONCEZ — FOUBERT — FRANÇOIS DE NEUFCHATEAU — FRÉGEVILLE — FRÉMOND — FRISON — GAILHARD — GARREAU — GAU — GAURAN — GAUDIN — GAUTHIER — GAULTHIER —

GAUTIER — GAVARD — GEOFFROY — GERLA — GESNOUIN — GIRAL — GILLET-LA-JAQUEMIMIÈRE — GLAIS — GODART — GOLZART — GOMAIRE — GOT — GOURLAY — GRANDMAISON — GRELIER — GROSCASSAN-DORIMOND — GUÉRIN — GUESDON — GUICHARD — GUILLEMOT — GUIRAIL — GUYOT — HERMANN — HEURTAULT — HOVERLAND — HUCHET-DREUX — IZOS — JACQUEMINOT — JACQUIER — JANOD — JAPHET — JOHANET — C. JORDAN — JOUBERT — JOUBERT-BONNAIRE — JOURDAIN — JOURDAN — JUHEL — LABBÉ — LACARRIÈRE — LA MOTTE-GAUTIER — LAURANCEAU — LEBLANC — LEBORGNE — LECERF — LEGENDRE — LÉGIER — LE GORREC — LE GOUPIL-DUCLOS — LE MAIGNEN — LEMARCHANT-GOMICOURT — LEMARCIS — LEMERER — LEMESLE — LEMOYNE — LEROY — LEVALLOIS — LIMON — LUMINAIS — MACAIRE — MAC-CURTAIN — MALES — MALIBRAN — MALUQUER — MAMERT-COULLION — MANSARD — MARCHOUX — MARQUÉSY — R. MARTIN — J. MARTIN — MARVAUD — MAUGENEST — MAYEUVRE — MÉANDRE — MÉJANSAC — MENNESSIER — MENTOR — MERMOZ — MERSAN — METZGER — MEYER — MIEULLE — MOISSON-DEVAUX — MONSEIGNAT — MOREAU — NEVEU — NOAILLE — NUGUE — ORTALLE — OZUN — PALHIER DE SILVATELLE — PARENT-RÉAL — PARIZOT — PERRIN — PETIET — PETINIAUD — PHILIPPE — PICOT-LACOMBE — PIET — PILLET — POLLISSARD — PONCET-DELPECH — PORTAL — PORTE — PORTIEZ — PRAIRE — PRAT — RABASSE — RALLIER — RAMBAUD — RAMEL — REINAUD-LASCOURS — RENAULT — RICARD — RICHARD — RICOURD — RICHOND — RIOU — ROBERT — ROLLIN — ROUCHON — SAINTHORENT — SAINT-MARTIN — SALAMAN — SALENAVE — SALGUES — SAVARY — SELVES — SENBAUSEL — SERRES — SIMÉON — SIMON — SHERLOCK — SONTHONAX — TACK — TALOT — TARDY — TARTE — TASTU — TEXIER-OLIVIER — THÉLU — THOMANY — THOMAS — THOREL — TROISŒUFS — TROTTIER — TROUILLE — TRUMEAU — VALERY — VALLÉE — VAN HULTHEM — VASSE — VAUZELLE — VERGNIAUD — VERNIMMEN — VEZU — VILLIOT — VIOLAND — VISTORTE — VUILLEY — WANDELAINCOURT — WANTELET — WILLOT — WOUSSEN — ZANGIACOMI.

*Ce lot pourra être divisé au gré des amateurs, à moins qu'il n'y ait preneur pour le tout.*

## 905. PARIS.

ANDRIEUX, 1 l. a. s., 1 l. s., et 1 traité signé, signé aussi par J. LE BRETON, GINGUENÉ, ANDRIEUX, AMAURY-DUVAL, AUMONT, J.-B. SAY, pour l'exploitation de la *Décade philosophique*. — AUBERT, 5 l. a. s., BERLIER, 2 l. a. s. (très importantes). — CABANIS, 2 l. s. — FAURE, 6 l. a. s. — GIBERT-DESMOLIÈRES, 2 l. a. s., et 2 p. s. — GUYOT-DESHERBIERS, 2 l. a. s. et p. s. — LEROUX, l. a. s. — PETIET, l. a. s. — POLLART, l. s. — PORTALIS, 2 p. s. — PORTIEZ, 1 l. a. s. et 1 l. s.

# DIRECTOIRE EXÉCUTIF

## 5 BRUMAIRE AN IV — 18 BRUMAIRE AN VIII

### *(27 octobre 1795 — 9 novembre 1799)*

**906. BARRAS (Paul), directeur, pendant toute la durée du Directoire.**

1º L. s., comme président du Directoire, à l'État-major de l'armée d'Italie ; 26 brumaire an V (16 novembre 1796), 2 p. in-folio, tête et vignette imprimées.

Il leur envoie des gravures exécutées pour immortaliser l'héroïque conduite des généraux Rampon et Causse.

2º 3 l. s. à divers ; an V, 3 p. in-4. Deux de ces lettres sont ornées en tête de la belle vignette de Dugourc et Duplat.

**907. BARTHÉLEMY (François), directeur du 20 mai 1797 au 18 fructidor an V (4 septembre 1797).**

1º L. s. à l'agence des mines ; Bâle, 6 frimaire an IV, 2 p. 1/2 in-folio. Jolie vignette gravée.

2º L. a. s. ; Paris, 8 mai 1806, 1/2 p. in-4. Belle pièce.

**908. FRANÇOIS DE NEUFCHATEAU (Nicolas-Louis), directeur du 10 septembre 1797 au 22 mai 1798.**

L. a. s. à Bottin, secrétaire-général de l'administration du Bas-Rhin ; Seltz, 19 prairial an VI (7 juin 1798), 1 p. in-4. Tête et vignette imprimées avec cette devise : *Le peuple seul est souverain.*

Il demande si la ligne télégraphique de Paris à Strasbourg est établie et s'il peut correspondre avec le Directoire.

**909. LA REVELLIERE-LÉPEAUX (Louis-Marie), directeur du 27 octobre 1795 au 18 juin 1799.**

L. s., comme président du Directoire, au commissaire près l'armée d'Italie, 3 p. 1/2 in-folio, tête et vignette imprimées.

Il l'informe que le Directoire ne considère pas les circonstances favorables pour punir le grand-duc de Toscane de sa partialité envers les Anglais. Le Directoire a accordé une amnistie aux Corses, il l'engage à la faire proclamer de concert avec le général Bonaparte.

**910. LA REVELLIERE-LEPEAUX (Louis-Marie).**

L. s. à Rudler, commissaire près l'armée de Rhin-et-

Moselle ; 15 ventôse an V (5 mars 1797), 2 p. 1/2 in-folio. Tête et vignette imprimées.

Le Directoire informe Rudler qu'une nouvelle campagne va s'ouvrir en Italie et que le général Bonaparte se dispose à prendre l'offensive sur le prince Charles. « Vous sentez de quelle importance il est que les armées du Rhin entament de leur côté le plan d'opérations qui leur est tracé. »

## 911. LA REVELLIERE-LÉPEAUX (Louis-Marie).

4 l. s. au général Beurnonville, commandant en chef l'armée du Nord ; Paris, thermidor an IV-vendémiaire an V, 8 p. 1/2 in-folio. Chaque pièce est ornée de la vignette de Dugoure et Duplat.

23 thermidor. Instructions pour le ccmmandement des troupes bataves placées sous ses ordres. Il le prie de donner à Kleber, commandant par intérim l'armée de Sambre-et-Meuse, l'indication précise des troupes qu'il a mises à la disposition de Jourdan. — 28 thermidor. Relative aux travaux de défense de Maestricht et aux sièges de Mayence et d'Ehrenbreistein. — 9 thermidor. Le Directoire appuie la proposition de Beurnonville de charger l'armée du Nord du siège d'Ehrenbreistein ; en conséquense les troupes de l'armée de Jourdan occupées à ce siège pourront être rendues à l'activité. — 17 fructidor. Instructions pour l'opération confiée au général Quentin. — 25 vendémiaire. Le Directoire lui prescrit de remettre le commandant de l'armée de Sambre-et-Meuse au général Kleber et de reprendre le commandement de l'armée du Nord. Sa mission sera d'assurer l'envoi des vivres à l'armée de Sambre-et-Meuse.

## 912. LE TOURNEUR (Charles-Louis-François-Honoré), directeur du 27 octobre 1795 au 20 mai 1797.

1º L. s. à Beurnonville, général en chef de l'armée du Nord ; Paris, 25 germinal an IV (14 avril 1796), 2 p. in-folio, tête et vignettes imprimées.

Instructions pour l'organisation des états-majors.

2º L. s. au général Dugua ; Paris, 15 germinal an IV (4 avril 1796), 1 p. in-4, tête et vignette imprimées.

3º L. s. à Saliceti, commissaire près l'armée d'Italie ; Paris, 4 floréal an IV (23 avril 1796), 1 p. in-folio.

Le Directoire félicite Saliceti sur sa mission en Italie. « Des ennemis à vaincre et à forcer à consentir à une paix désirable qui leur est offerte, sont des motifs assez puissants pour guider un vrai républicain dans la route de l'honneur et de la gloire.

## 913. MERLIN (Philippe-Antoine), de Douai, directeur du 5 septembre 1797 au 18 juin 1799.

L. a. s. (à Scherer) ; 6 fructidor an VI (23 ooût 1798), 1 p. in-4.

Il lui signale un abus de la compagnie Thierry, chargée d'assurer le bois et l'éclairage à l'administration de la guerre.

## 914. MOULIN (Jean-François-Auguste), directeur du 18 juin 1799 jusqu'au 18 brumaire (9 novembre 1799).

L. a. s. à M. Valant, directeur du Musée de la jeunesse ; Pierrefitte, 21 pluviôse an XIII (10 février 1805), 2 p. in-8.

**915.** REUBELL (Jean-François), membre du Directoire du 27 octobre 1795 jusqu'au 16 mai 1799.

L. a. s. à M. Roquesante ; Paris, 7 vendémiaire an VI (28 septembre 1797), 1 p. in-4, petit trou enlevant un mot. *Peu commun.*

**916.** SIÉYES (Emmanuel-Joseph), directeur du 16 mai 1799 jusqu'au 18 brumaire (9 novembre 1799.

L. s. (à Bernadotte) ; Paris, 22 thermidor an VII (9 août 1799), 1 p. 1/2 in-folio, tête et vignette imprimées.

Curieuse lettre relative à l'examen des voitures et fourgons venant de Naples, qui paraîtraient contenir le produit de vols ou de dilapidations. Cet examen doit s'étendre à toutes les voitures venant d'Italie.

**917.** DIRECTOIRE.

L. s. par REUBELL, président du Directoire, contresignée par TALLEYRAND, ministre des relations extérieures, au ROI DE SUÈDE ; Paris, 29 messidor an VI (17 juillet 1798), 1 p. grand in-folio, magnifique vignette gravée.

SUPERBE PIÈCE. Ce sont les lettres de créance du citoyen Lamarque, ambassadeur de la République française près le roi de Suède.

**918.** DIRECTOIRE.

P. s., sur vélin, par La Revelliere-Lépeaux ; Paris, 2 brumaire an VI (23 octobre 1797), 1 p. gr. in-folio. Encadré.

Superbe pièce, d'une calligraphie remarquable Ce sont les lettres de créance du citoyen Treilhard, nommé ambassadeur de la République française auprès du roi des Deux-Siciles, en remplacement du citoyen Canclaux.

**919.** LE DIRECTOIRE ET LA PAPAUTÉ.

P. s. par les directeurs LE TOURNEUR, REVELLIERE-LÉPEAUX, CARNOT, BARRAS et REUBELL ; Paris, 3 fructidor an IV (20 août 1796), 15 p. in-folio.

PRÉCIEUX DOCUMENT HISTORIQUE. Instructions données par le Directoire aux citoyens Garrau et Saliceti, chargés de négocier avec le pape Pie VI un traité de commerce et de navigation. Cette pièce comprend les 27 articles du traité, destiné à resserrer les liens d'amitié qui ont existé de tout temps entre les deux nations.

**920.** LE DIRECTOIRE ET LA PAPAUTÉ.

P. s. par LE TOURNEUR, LA REVELLIERE-LÉPEAUX, BARRAS et REUBELL ; Paris, 3 fructidor an IV (20 août 1796), 6 p. in-folio à mi-marges.

Ce sont les instructions données aux citoyens Garrau et Saliceti pour conclure une convention au sujet de la juridiction des consuls français dans les états du pape.

# MINISTRES DE LA RÉVOLUTION

## (1792 - 1799)

**921.** BENEZECH (Pierre), ministre de l'Intérieur, du 3 novembre 1795 au 16 juillet 1797.

3 l. s. aux membres du Conservatoire des arts et métiers ; Paris, 29 frimaire, 19 nivôse et 7 pluviôse an IV (20 décembre 1795, 9 et 27 janvier 1796), 5 p. in-4.

Intéressante lettre relative à l'accroissement des collections du Conservatoire des arts et métiers et au remplacement de Vandermonde.

**922.** BOUCHOTTE (Jean-Baptiste-Noël), ministre de la guerre du 4 avril 1793 au 20 avril 1794.

1º L. s. au président de la Convention ; Paris, 25 avril 1793, 1 p. 1/2 in-folio.

Lettre relative au paiement des appointements des maréchaux de France.

2º L. s. au commandant de la garde nationale parisienne ; Paris, 26 mai 1793, 1 p. in-4.

Relative au départ des volontaires parisiens pour la Vendée.

3º L. s. à l'accusateur militaire à l'armée du Rhin ; Paris, 25 germinal an II (14 avril 1794), 1 p. in-folio.

Il le félicite sur le rétablissement de la discipline dans l'armée.

4º P. a. s. ; Paris, 8 messidor an XII (27 juin 1804), 1/2 p. in-4.

État des services de Bouchotte de 1773 à l'an VII.

**923.** BOUCHOTTE (Jean-Baptiste-Noël).

Manuscrit aut., 26 p. in-folio.

CURIEUX DOCUMENT. C'est une réfutation des assertions erronées émises sur son compte dans un article de la *Biographie des hommes vivants*, publiée par Michaud. Les pages sont divisées en deux colonnes. Dans l'une Bouchotte transcrit le fait erroné et le discute dans l'autre. Bouchotte défend vigoureusement son administration et sa vie privée ; il relève de nombreuses erreurs matérielles et intentionnelles. Ce manuscrit, d'un grand intérêt, fournit une inappréciable contribution à la biographie de Bouchotte.

**924. BOURDON-VATRY** (Marc-Antoine, baron), ministre de la marine du 3 juillet au 23 novembre 1799.

P. s. avec une longue note aut. ; Paris, 6 juin 1814, 2 p. in-folio.

Relevé très détaillé de la carrière administration du baron Bourdon-Vatry, extrêmement utile pour la biographie de cet homme d'état.

**925. DALBARADE** (Jean), ministre de la marine, puis commissaire du 10 avril 1793 au 1er juillet 1795.

2 l. a. s. ; 29 prairial et 15 thermidor an VI (17 juin et 2 août 1798), 5 p. in-4.

Il se plaint des machinations de ses ennemis et trouve que son zèle et son dévouement ne reçoivent pas les éloges qui leur sont dus.

**926. DES TOURNELLES** (Louis Deschamps, dit), ministre des finances du 13 juin 1793 au 1er avril 1794.

1° L. s. aux administrateurs du département de l'Ain ; Paris, 12 août 1793, 2 p. 1/2 in-4.

Sur la perception des impôts.

2° L. s. ; Paris, 7 nivôse an II (27 décembre 1793), 1/2 p. in-4.

Relative à l'établissement des étalons des poids et mesures.

3° L. a. s. à l'architecte Antoine ; Paris, 17 nivôse an II, 4 p. in-4.

Très curieuse lettre où il lui prouve qu'il n'est pour rien dans sa détention.

**927. FAIPOULT** (Guillaume-Charles), ministre des finances du 2 octobre 1795 au 13 février 1796.

1° P. a. s. ; 22 ventôse an V (12 mars 1797), 1 p. 1/2 in-4.

Notice sur ses services depuis le début de la Révolution.

2° L. a. s. à Macdonald ; 20 germinal an VIII (10 avril 1800), 1 p. 1/2 in-4, tête et vignette imprimées.

Il annonce une nouvelle guerre avec l'Autriche et lui prédit de nouveaux lauriers.

**928. GARAT** (Dominique-Joseph), ministre de la justice du 9 octobre 1792 au 17 avril 1794.

6 l. s. ; 30 janvier 1793-6 août 1793, 6 p. in-4 ou in-folio.

Une de ces lettres est relative aux préparatifs d'une fête de la Réunion.

**929. LE BRUN** (Henri), dit *Le Brun-Tondu*, ministre des

Affaires étrangères du 10 août 1792 au 20 juin 1793,
décapité le 27 décembre 1793.

1° L. s. à M. Caillard ; Paris, 26 août 1792, 1 p. 1/2 in-folio.

CURIEUSE LETTRE. Il l'informe de son élection au ministère des affaires
étrangères et de la suspension du pouvoir législatif et lui communique ses
instructions : « Ce n'est plus le temps des ménagements politiques, c'est au
nom de la nation, au nom d'une nation qui veut être libre, qu'il faut que ses
agents prononcent son vœu dans toute l'Europe. C'est à eux à donner par
leur fermeté et leur attention à faire respecter sa dignité, une idée de la
détermination où est la France de maintenir la Liberté et l'Egalité et de ne
poser les armes que lorsque toutes les puissances auront reconnu son
indépendance.

2° L. s. au citoyen Jollivet ; Paris, 26 octobre 1792, 5 p. 1/2
in-folio.

Il le prie de noter avec soin les opérations des troupes prussiennes.

3° L. a. s. au général Dillon ; Paris, 24 avril 1793, 1/2 p. in-4.

Il le prie, au nom du Conseil exécutif provisoire et du Comité de salut
public, d'assister à une réunion très importante pour la chose publique.

4° L. a. s. aux membres du Comité de salut public ; Paris,
6 septembre 1793, 3 p. in-4.

PIÈCE HISTORIQUE. Il demande un sursis pour sa comparution devant le
tribunal révolutionnaire. Il explique que pour sa défense il sera forcé de
dévoiler les négociations auxquelles il a été mêlé. Ces révélations n'effraient-
elles par le Comité de salut public ? « Enfin, citoyens représentants,
permettez-moi de vous observer qu'il est sans exemple qu'un ministre des
affaires étrangères soit décrété d'accusation d'enthousiasme, et sans un
examen réfléchi de sa conduite. »

**930.** MONGE (Gaspard), ministre de la marine du 12 août
1792 au 10 avril 1793.

4 l. ou p. s. ; 8 décembre 1792-31 mars 1793, 5 p. in-4.

Recherche des parchemins pour l'artillerie. — Envoi de 10,000 piastres au
Sénégal. — Etablissement d'une croisière sur les côtes de Bretagne, sous les
ordres de Villaret-Joyeuse, pour combattre les brigands.

**931.** ROLAND DE LA PLATIÈRE (Jean-Marie), ministre
de l'Intérieur du 10 août 1792 au 23 janvier 1793.

L. s. à M. Meslin ; Paris, 11 août 1792, 3/4 de p. in-4.

Curieuse lettre écrite le lendemain de la révolution du 10 août. Il l'informe
que l'Assemblée nationale l'a rappelé au ministère dans des circonstances
imprévues et importantes et que tous ses collaborateurs doivent être en
conformité de sentiments et de principes avec lui, c'est pourquoi il prie son
correspondant de faire valoir ses droits à la retraite.

**932.** MINISTRES.

36 pièces ou lettres signées par : *Aubert-Du Bayet, Beurnonville, Bourguignon, Cambacérès, Clavière, Deforgue, Delacroix,
Dubois-Crancé, Duval, Genissieu, Gohier, Lambrechts, Letour-
neux, Pache, Paré, Peltet, Pléville-Lepelley, Servan, Sotin,
Talleyrand.*

# ÉVÊQUES CONSTITUTIONNELS

933. GOBEL (Jean-Baptiste-Joseph), évêque constitutionnel
de Paris, n. à Thann (Alsace), 1727, décapité avec
Chaumette, le 13 avril 1794.

1º P. s., en latin; Paris, 9 août 1792, 1 p. in-4 oblong,
vignette imprimée.

2º Apostille de 3 lignes a. s. sur une pétition à lui adressée;
Paris, 12 avril 1793, 2 p. in-folio.

Installation de Flora Hardy, vicaire de Saint-Sulpice, dans les fonctions
curiales de la paroisse de Vaugirard.

3º P. s. *le citoyen Gobel évêque métropolitoin de Paris;*
21 avril 1793, 1 p. in-4 oblong, cachet.

Il certifie que le citoyen Hardy à prêché dans l'église métropolitaine de
Paris pendant le carême précédent.

On a joint une lettre de ROGER, évêque constitutionnel de
Paris, ainsi que des lettres de DESBOIS de ROCHEFORT, LATYL
et POUPARD, prêtres parisiens à l'époque de la Révolution.

934. GRÉGOIRE (Henri), évêque constitutionnel de Loir-
et-Cher. — V. le nº 714.

1º L. a. s,; Paris, 8 août 1815, 1 p. in-4.

Il recommande la pétition de M. Cherrier, son ancien collègue aux
assemblées de la Révolution.

2 pièces imprimées dont une avec la signature aut. de Grégoire; 1796-1801, 2 p. in-4.

Un de ces imprimés concerne la réunion du second concile national
français.

935. LAMOURETTE (Adrien), évêque constitutionnel de
Rhône-et-Loire. — V. le nº 542.

1º L. a. s. au maire et aux officiers municipaux de la ville
de Lyon; Paris, 1ᵉʳ février 1792, 3/4 de p. in-4.

Belle et rare lettre relative à l'enrôlement des volontaires.

2º 4 p. s., comme évêque métropolitain de Rhône-et-Loire;
1791, 4 p. in-folio.

936. LE COZ (Claude), évêque constitutionnel d'Ille-et-
Vilaine, puis archevêque de Besançon; il présida les

deux conciles nationaux de 1797 et de 1801, n. 1740,
m. 1815.

1° L. a. s. à Debry, préfet du Doubs ; Paris, 20 floréal an X
(10 mai 1802), 2 p. 1/2 in-4.

Il lui tarde d'être auprès de lui pour coopérer à ses vues bienfaisantes pour
le bonheur d'un peuple auquel il veut consacrer le reste de ses jours. Il le
prie de distribuer aux pauvres de Besançon l'argent qui aurait été dépensé
pour sa réception. « Cela conviendra mieux à mes goûts personnels et à la
modestie évangélique qui doit toujours accompagner un ministre de
Jésus-Christ. »

2° L. a. s. à M. Mourgeon ; Besançon, 7 juillet 1806, 3/4 de
p. in-4.

3° L. a. s. à M. Noël, inspecteur de la navigation ; Besançon,
13 novembre 1809, 3 p. in-4.

Belle lettre où il fait l'éloge de la Bretagne, son pays natal.

## 937. ÉVÊQUES CONSTITUTIONNELS.

44 pièces ou lettres, écrites ou signées par les évêques
constitutionnels dont les noms suivent : Aubry (*Meuse*), 2 p.
— Avoine (*Seine-et-Oise*), 1 p. — Barthe (*Gers*), 1 p. — Clé-
ment (*Seine-et-Oise*), 2 p. — Diot (*Marne*), 2 p. — Flavigny
(*Haute-Saône*), 2 p. — Gay-Vernon (*Haute-Vienne*), 1 p. —
Lalande (*Meurthe*), 1 p. — Lacombe (*Charente*), 3 p. — Laf-
font de Savines (*Ardèche*), 1 p. — Leblanc de Beaulieu
(*Seine-Inférieure*), 2 p. — Maudru (*Vosges*), 3 p. — Poullard
(*Saône-et-Loire*), 2 p. — Primat (*Haute-Garonne*), 1 p. — Ser-
met (*Haute-Garonne*), 8 p. — Sibille (*Aube*), 2 p. — Suzor
(*Indre-et-Loire*), 1 p. — Tollet (*Nièvre*), 1 p. — Torné (*Cher*),
1 p. — Volfius (*Côte d'Or*), 1 p,
(*Ce dossier pourra être divisé*).

# DIPLOMATES

938. **BELLEVILLE** (Jean-Claude Redon de), chargé d'affaires en Toscane et à Madrid, n. à Thouars (Deux-Sèvres), 1748, m. à Bailly (Seine-et-Oise), 1820.

1° L. a. s. à Jean Debry ; des prisons de Valence, 2 prairial an III (21 mai 1795), 2 p. 1/2 in-4.

IMPORTANTE PIÈCE. Il proteste contre les vexations dont il a été l'objet pendant son transfert d'Avignon à Valence et demande avec énergie les motifs de son incarcération. « Si je péris sous le fer des assassins, mon dernier vœu sera pour le bonheur du peuple, mon dernier soupir pour le maintien de la liberté. » (Sauvé par le maire de Valence, M. de Montalivet, il ne fut remis en liberté qu'après la session conventionnelle).

2° L. a. s. (à Saliceti) ; 26 germinal, 3 p. in-4.

Curieuse lettre relative au mauvais états de nos affaires en Italie. Il blâme la désunion qui règne entre les généraux et les agents du gouvernement. Cet état d'esprit devrait être regardé comme un signe d'incivisme. « Pourquoi n'imiterions pas tous les soldats aussi braves que généreux qui manquent de tout et qui, pourtant, se serrent pour combattre, pour mourir pour la République, parce qu'ils ne pensent qu'à elle et que tout autre intérêt leur est indifférent ? »

939. **BOURGOING** (Jean-François, baron de), célèbre diplomate, n. à Nevers, 1748, m. 1811.

L. a. s. à Talleyrand ; Copenhague, 9 germinal (30 mars 1801), 3 p. 1/2 in-folio.

PRÉCIEUX DOCUMENT HISTORIQUE. Il l'informe que la guerre entre le Danemark et l'Angleterre vient d'éclater. Il raconte la démarche de l'amiral anglais Parker demandant l'entrée de la flotte qu'il commandait. Le commandant danois de Cronenburg fit répondre à l'amiral Parker qu'il ferait tirer sur ses vaisseaux, au cas où ils viendraient à portée des canons de Cronenburg. Cette réponse fut regardée comme une déclaration de guerre par l'amiral Parker. Les vaisseaux anglais ont passé le Sund un à un et les Danois ont tiré les premiers. En trois heures les 42 vaisseaux de l'escadre anglaise furent devant Copenhague ; on pouvait compter 49 vaisseaux et voir les pavillons bleus des amiraux Parker et Nelson. Un petit combat a commencé entre le fort et une frégate anglaise envoyée en reconnaissance. A six heures du soir Bourgoing interromp sa lettre en se demandant quels sont les projets des Anglais. — (La grande bataille s'engage le 2 avril. Parker remit la direction du combat à Nelson, qui était sous ses ordres. Les Danois firent une résistance héroïque, mais Nelson, résistant aux ordres de son chef qui voulait faire cesser le combat, finit par remporter une victoire complète).

940. **CACAULT** (François), homme politique, diplomate qui signa avec Bonaparte, le traité de Tolentino, n. à Nantes, 1742, m. 1805.

1° L. a. s. aux représentants du peuple délégués au Port la

Montagne (Toulon); Florence, 11 germinal an III (31 mars 1795), 2 p. in-4.

*Intéressante lettre toute relative aux mouvements de la flotte anglaise.*

2° L. a. s. au général Cervoni ; Gênes, 14 germinal an IV (3 avril 1796), 2 p. 1/2 in-4.

*Il lui transmet le rapport d'un espion. Il y a 4.000 autrichiens entre Gavi et Novi ; 4.000 autres entre Carogio et Voltagio. Il lui transmet d'autres renseignements et le prie de faire passer sa lettre au général Masséna.*

941. DESCORCHES (Marie), marquis de Sainte-Croix, ministre en Pologne, à Venise, puis à Constantinople, d'où il se fit expulser pour avoir organisé une fête à l'anniversaire de la mort de Louis XVI, n. 1749, m. 1830.

21 l. aut., dont quelques-unes signées de son prénom, à sa femme ; 22 janvier-24 septembre 1793, 60 p. in-8 ou in-4.

*Curieuse correspondance. Descorches à chaque étape, écrit à sa femme pour lui signaler les incidents de son voyage. Arrivé à Trawnik, il lui fait le récit de ses tribulations pour pénétrer en Turquie. Le 10 juin 1793 il lui écrit de Constantinople, terme de son voyage. L'accueil qu'on lui a fait le dédommage de ses peines. « Vraiment on s'apperçoit déjà que les Français sont devenus meilleurs, voilà les fruits de la Fraternité. » Il signale la conduite des Français qui fuient les régicides et parle de Chalgrin, l'ancien chargé d'affaires, qui porte le deuil du défunt roi. — Les lettres sont remplies de détails curieux sur sa mission. — On a joint quatre autres lettres de Descorches, adressées à différents destinataires, ainsi que les lettres que Madame Descorches a écrit à son mari pendant son séjour en Orient.*

942. FOURCADE (Paschal-Thomas), consul-général à Salonique, érudit, membre correspondant de l'Institut, n. à Pau, 1768, m. 1813.

L. a. s. ; Constantinople, 16 vendémaire an III (7 octobre 1794), 4 p. in-folio.

*Intéressante lettre relative à ses travaux sur l'histoire ancienne et la numismatique.*

943. FRANÇOIS DE NEUFCHATEAU (Nicolas-Louis), directeur, ministre de l'Intérieur, plénipotentiaire français aux conférences de Seltz, n. à Saffais (Meurthe), 1750, m. 1828.

L. a. s. au citoyen Agasse ; Seltz, 7 messidor an VI (25 juin 1798), 1 p. in-folio, tête et vignettes imprimées. Légère déchirure.

*Curieuse lettre. « Je fais savourer le bon vin de Champagne aux Excellences du congrès, et je ne bois que de l'eau, mais les Allemands ne sont pas faciles à enyvrer. »*

944. PÉRIGNON (Dominique-Catherine), député de la Haute-Garonne à l'Assemblée législative, successeur

de Dugommier à l'armée des Pyrénées-Orientales, député aux Cinq-Cents, ambassadeur à Madrid, maréchal d'Empire, n. à Grenade (Haute-Garonne). 1754, m. 1818.

L. a. s. à Delacroix ; Saint-Ildefonse, 22 thermidor an IV (8 septembre 1796), 1 p. 1/2 in-4.

Curieuse lettre. Il se disculpe d'avoir enfreint les instructions du Directoire dans ses négociations avec le Portugal. « Il est de ma délicatesse de ne pas laisser subsister dans les archives des relations extérieures un blâme mal fondé, je ne m'écarterai jamais de mes instructions ; il est trop aisé de s'y conformer. »

945. SÉMONVILLE (Charles-Louis HUGUET de), ambassadeur à Constantinople et à La Haye, grand référendaire de la Chambre des pairs sous la Restauration et sous Louis-Philippe, n. 1759, m. 1839.

1° L. a. s. à un représentant du peuple ; Grandpré, 29 thermidor an IV (16 août 1796), 2 p. 1/2 in-4.

Curieuse lettre où il lui démontre l'influence du pape et lui soumet le plan d'un rapprochement avec les catholiques français. « Les fêtes républicaines ne sont pas plus connues que le Ramazan ; celles de l'Eglise sont observées avec le plus grand scrupule : quelle moisson de bons citoyens ne pourraient pas faire un *bon* prêtre ? et combien un *mauvais* ne détache-t-il pas d'esprits faibles du régime constitutionnel..... L'esprit papal communique tous les jours avec tous les points de la République, puisqu'on respecte le tombeau de Saint-Pierre et qu'on ne peut couper les fils qui nous attachent à lui, ne doit-on pas les faire servir à la direction du gouvernement ? »

2° 1 l. a. s. et 3 l. s., 6 p. in-4.

946. DIPLOMATES.

38 pièces émanées des diplomates de la Révolution dont les noms suivent : ADET — AUBERT-DU BAYET — BACHER — BERTOLIO — BIGNON — BODARD — CAILLARD — CHOMPRÉ — COQUEBERT — F. DESPORTES — FAIPOULT — FERRIÈRES-SAUVEBŒUF — GASPARY — GROUVELLE — MANGOURIT — LA FOREST — NOEL — RAPINAT — REINHARD — SOULAVIE — VILLARS. *Intéressante réunion.*

# PERSONNAGES

## DE

# L'EPOQUE RÉVOLUTIONNAIRE

*(Deuxième série)* (1)

**947. BEAUHARNAIS** (Marie-Françoise de), femme du marquis François de Beauharnais, belle-sœur de Joséphine, n. 1757, m. 1822.

P. s. par VADIER, JAGOT, DUBARRAN, DAVID, membres du Comité de sûreté générale; 10e jour du 2ème mois de l'an II (31 octobre 1793), 1 p. in-4.

Ordre d'écrouer à la maison d'arrêt de la Force, la femme Beauharnais, Pranvil, Sarrobert.

**948. BEAUMARCHAIS** (Pierre-Augustin CARON de), le célèbre écrivain, dont les œuvres ont tant contribué à l'avènement de la Révolution, n. 1732, m. 1799.

L. a. s. au maire de Paris ; Paris, 27 juillet 1789, 1 p. in-folio.

Il est le seul que d'infâmes soupçons poursuivent encore, faute d'une visite exacte chez lui, qu'il sollicite à grand cris depuis douze jours. Dès que la caisse nationale sera formée pour l'entretien des troupes citoyennes, il enverra la somme de 2.000 francs, qu'il a promise.

**949. BEAUMARCHAIS** (Pierre-Augustin CARON de).

L. a. s. à M. Frameri ; Paris, 17 juin 1793, 1 p. in-4.

Intéressante lettre où il lui faire part du désir qu'à M. Cretu, acteur du théâtre de Mme Montansier, de monter le *Mariage* et la *Mère*. Avant de donner son autorisation Beaumarchais voudrait se rendre compte, si le théâtre de Mme Montansier est capable de jouer la comédie sérieuse.

**950. CHAUMETTE** (document sur). V. aussi les nos 29-31 de la 1re vente.

P. écrite et signée par BARÈRE, signée aussi par VADIER, COLLOT d'HERBOIS, BILLAUD-VARENNE, VOULLAND, DUBARRAN, C.-A. PRIEUR, BAYLE, AMAR, CARNOT, SAINT-JUST et LE BAS, membres des Comités de salut public et de sûreté générale réunis ; 27 ventôse an II (17 mars 1794), 1 p. in-folio.

PRÉCIEUSE PIÈCE. C'est l'ordre d'arrestation de Chaumette, agent national de la commune de Paris. (Chaumette fut décapité le 24 germinal an II-13 avril 1794).

(1) V. aussi les nos 264 à 328.

**951. CHÉNIER** (Elisabeth SANTI-LOMACA), la mère d'André et de M.-J. Chénier, n. 1729, m. 1808.

L. a. s. ; Paris, 26 frimaire an V (16 décembre 1797), 2 p. 1/2 in-4, coupée en 3 morceaux.

Elle proteste contre les atroces calomnies vomies sur son fils Marie-Joseph par André Dumont « rest impur de ces brigands qui, sous le règne de la terreur, ont couvert la France de larmes et de sang. » Elle rappelle les démarches faites par Marie-Joseph, pendant la Terreur pour sauver la vie de ses deux frères.

**952. CHÉNIER** (André-Marie de), un des plus grands poëtes qu'ait produits la France, n. 1762, décapité le 25 juillet 1794.

L. a. s. au roi de Pologne ; Paris, 18 novembre 1790, 4 p. in-4. *Rarissime.*

PRÉCIEUSE PIÈCE. Le poète remercie le roi de Pologne de lui avoir envoyé une médaille et d'avoir fait traduire en polonais son *Avis aux Français.* « Vous avez, Sire, applaudi aux souhaits et compati aux chagrins d'un homme pour qui il ne sera point de bonheur s'il ne voit point la France libre et sage, qui soupire après l'instant où tous les hommes connaîtront toute l'étendue de leurs droits et de leurs devoirs, qui gémit de voir la vérité soutenue comme une faction, les droits les plus légitimes défendus par des moyens injustes et violents et qui voudrait enfin qu'on eût raison d'une manière raisonnable. » — Notre pièce, à cause de ses ratures n'est peut-être qu'une minute. Les lettres aut. sig. d'André Chénier sont d'une extrême rareté. Il n'en existe que trois dans les collections privées. L'une est dans la collection de M. le Marquis de l'Aigle, la seconde appartient à M. A.-M. Cohn, de Berlin, la troisième est la présente pièce. M. Étienne Charavay l'avait payée 1910 francs, à la vente Chambry, le 7 mars 1881.

**952. CHODERLOS DE LACLOS** (document sur Pierre-Ambroise-François), général, littérateur, auteur des *Liaisons dangereuses*, agent du duc d'Orléans, n. à Amiens, 1741, m. 1803.

1° P. s. J. LACOSTE, juge de paix de la section de la butte des Moulins, Paris, 2 avril 1793, 1 p. in-4, cachet.

Procès-verbal d'apposition de scellés sur les effets de Choderlos de Laclos, en exécution d'un ordre signé de Gohier, ministre de la justice, daté du 1er avril.

2° P. s. par GOHIER, ministre de la justice, daté du 1er avril.

Ordre au sieur La Vacquerie, concierge des prisons de l'Abbaye, de remettre à l'officier porteur du présent ordre, les citoyens Choderlos-Laclos, Victor Broglie, Bonnecarrère, Gouy d'Arcy et Asseline, qui seront traduits devant le Comité de sûreté générale qui statuera sur leur sort.

3° P. s. par GOHIER (griffe) ; Paris, 7 avril 1793, 1 p. 1/2 in-folio. Vignette gravée du Conseil exécutif provisoire.

Expédition d'un décret de la Convention, qui ordonne que les citoyens Laclos et Bonnecarrère seront réintégrés dans les prisons de l'Abbaye.

4° P. a. s. par ALQUIER, signée aussi par BASIRE et ROVÈRE,

membres du Comité de sûreté générale ; Paris, 10 mai 1793, 1 p. in-folio.

Délibération du Comité de sûreté générale ordonnant que Choderlos de Laclos sera mis en arrestation chez lui, sous la surveillance d'un garde, qu'il paiera.

5° P. s. par GARNIER de l'Aube, BARRAS, BOURDON de l'Oise, CLAUZEL, LAIGNELOT, HARMAND et MÉAULLE, membres du Comité de sûreté générale ; Paris, 11 frimaire an III (1er décembre 1794), 1 p. in-folio.

Ordre de mise en liberté de Choderlos de Laclos.

**954.** CORDAY (document sur Charlotte), la meurtrière de Marat, n. 1768, décapité le 17 juillet 1793.

P. a. s. par AMAR, signée aussi par DUMONT de la Somme, GUFFROY, LAIGNELOT et LAVICOMTERIE, membres du Comité de sûreté générale ; Paris, 14 juillet 1793, 1 p. in-folio.

Il résulte de l'examen des papiers de la nommée Marie-Anne-Charlotte Corday, que le nom et l'adresse du citoyen Duperret s'y trouvait : en conséquence le citoyen Duperret sera arrêté et traduit devant le Comité de sûreté général pour y être arrêté

**955.** FAVRAS (Thomas MAHY, marquis de), agent du comte de Provence, chef d'un complot mystérieux au début de la Révolution, n. à Blois, 1765, pendu en place de Grève, le 19 février 1790.

1° L. a. s. à la marquise de Favras ; au Chatelet, 11 janvier 1790, 3 p. in-4. *Rare.*

PRÉCIEUSE PIÈCE. Il l'exhorte à supporter avec courage les événements extraordinaires qui leur arrivent, mais enfin, « Dieu et la bonne cause font tout l'espoir de l'innocent accusé. » Il rend compte de son interrogatoire ; le conseiller enquêteur a été très pointilleux. Ce qui le chagrine par dessus tout c'est de voir sa femme compromise. Il a bon espoir qu'elle sera remise bientôt en liberté : J'ai l'âme navrée de douleur de te voir tant d'amertumes dont tu ne peux attribuer la cause qu'à moi, ce n'est pas le sort que je t'ai cru réservé, lors que l'accord et l'union de nos cœurs t'a fait préférer une existence aussi retrécie que la mienne à celle qui te semblait dévolue par l'ordre naturel établi dans ce monde, en faveur des souverains et de leur famille. Mais, je t'en dédommagerai, s'il est possible, par d'autant plus de soins et de témoignages de tendresse, ne pouvant trop faire pour répondre à ceux que tu me prodigues. »

2° L. a. s. de la marquise de Favras, née princesse d'Anhalt ; Paris, 17 juillet 1790, 1 p. 1/2 in-4.

Belle lettre relative à la succession de son mari.

**956.** GOSSEC (François-Joseph), le compositeur des hymnes révolutionnaires, n. à Vergnies (Hainaut), 1733, m. 1829.

P. s. avec deux lignes aut. ; (1789), 1 p. in-folio oblong.

CURIEUSE PIÈCE. Il certifie que les sieurs Gazet, Denis, Lemaire et Sarrazin ont été employés au *Te Deum* chanté pour la bénédiction des drapeaux, à Notre-Dame, en septembre 1789

**957.** JOURGNIAC SAINT - MÉARD (Jacques - François, chevalier), qui échappa aux massacres de septembre et raconta son odyssée dans une brochure intitulée : *Mon agonie de trente-huit heures*, n. 1747, m. 1827.

1º L. a. s. aux membres du Comité de surveillance de la section de la halle au blé ; Paris, 5 mai 1793, 1 p. in-4.

Il réclame, en sa qualité de volontaires dans la 11ᵉ compagnie, la remise de ses armes qui lui ont été enlevées.

2º P. s. par LECLERC, DAUJON, GORET, LENFANT et CALLY ; 23 août 1792, 3/4 de p. in-4, tête impr. et cachet.

Ordre d'écrou à l'Abbaye du ci-devant chevalier de Saint-Médard.

**958.** LA HARPE (document sur Jean-François), le célèbre critique, membre de l'Académie française, n. 1739, m. 1803.

P. s. par AMAR, BAYLE, DUBARRAN, ÉLIE LACOSTE, VADIER, LOUIS du Bas-Rhin et VOULLAND, membres du Comité de sûreté générale ; 14 thermidor an II (1ᵉʳ août 1794), 1 p. in-4.

Le Comité de Salut public ordonne la mise en liberté du citoyen La Harpe ainsi que la levée des scellés apposés sur ses papiers.

**959.** LE BRUN (Ponce-Denis ECOUCHARD), dit *Lebrun Pindare*, célèbre poète lyrique, membre de l'Académie française, n. 1729, m. 1807.

*Odes républicaines*, manuscrit aut., signé plusieurs fois ; an II, 20 p. in-folio, relié.

Intéressant manuscrit qui comprend 3 odes républicaines.

**960.** NAPOLÉON Iᵉʳ (document sur).

P. s. par CORVISART, premier médecin de Napoléon Iᵉʳ ; 9 octobre 1812, 2 p. in-folio.

Curieux document. C'est l'examen de la pharmacie impériale, établie à Saint-Cloud.

**961.** NECKER (Jacques), v. le nº 378.

L. a. s. à LOUIS XVI ; 2 juin (lisez 2 juillet), 1 p. in-folio.

CURIEUSE LETTRE. Necker informe le Roi que le Duc d'Orléans a été nommé président de l'Assemblée nationale, mais on a sa parole d'honneur qu'il donne demain sa démission. Ce sera M. l'archevêque de Vienne, qui sera élu en remplacement. » En effet, le lendemain, dans la séance du 3 juillet, le duc d'Orléans donna sa démission et ce fut l'archevêque de Vienne, Lefranc de Pompignan, qui fut élu en remplacement.

**962.** ROBERT (Louise-Félicité de KÉRALIO, Madame),

célèbre femme de lettres, qu'on regarde comme l'inspiratrice de l'idée républicaine, n. 1758, m. 1821.

L. a. s. à l'abbé Robert; Paris, 21 mai 1790, 1 p. 1/2 in-4. *Curieuse.*

963. ROBESPIERRE (Maximilien de), avocat, aïeul et parrain du conventionnel.

L. a. s. à M. Alexandre; Arras, 7 août 1755, 1 p. in-4. *(Coll. Dancoisne).*

964. ROBESPIERRE (Maximilien-Barthélemy-François de), avocat au conseil d'Artois, père du conventionnel, n. 1731, m. 1768.

L. a. s. (à Maximilien Baudelet); Arras, 9 décembre 1765, 1 p. 1/2 in-4. *(Coll. Dancoisne).*

Très curieuse épître, d'un style emphatique. Il exprime le vœu que les avocats d'Arras envoient leur condoléances au Roi (relativement à la maladie du Dauphin, qui mourut le 20 décembre). « Une seule fois où il s'agit de donner au Roi un gage pur, solennel et indispensable de notre attachement pour la famille roiale, craindrions-nous par hasard qu'on pût dire que nous sommes assemblés ? Avocats, ce titre nous honore ; sujets de la France qualité mille fois plus glorieuse pour nous : ce n'est qu'en remplissant aujourd'hui comme tels le premiers de nos devoirs, d'une manière noble et peu commune, que nous prouverons véritablement la noblesse de notre profession et que nous maintiendrons, sous l'asile même du thrône, la liberté et l'indépendance. »

965. ROBESPIERRE (Charlotte de), sœur du célèbre conventionnel, auteur de *Mémoires*, n. 1756, m. 1834.

L. aut. à son frère (Maximilien à Paris); (Arras, 1790), 2 p. 1/4 in-4. *(Coll. Dabrunfaut).*

Curieuse épître où elle lui rend compte de ce qui se passe à Arras, où on ne veut plus payer la contribution patriotique. « Je ne sais si mon frère n'a pas oublié de vous parler de Mme Marchand ; nous sommes brouillés : je me suis permise de lui dire ce que les bons patriotes devoit penser de sa feuil, ce que vous en pensiez ; je lui est reproché son affection à toujours maitre des nottes infamantes pour le peuple, etc., etc. Elle s'est faché : elle soutient qu'il ni avoit pas d'aristocrates à Arras, qu'elle connaissoit tous patriotes, qu'il n'y avoit que les teste exalté qui trouvoit sa gazette aristocrate ; elle me dit un tas de betisse et depuis elle ne nous envoie plus sa feuille... »

966. ROLAND (Marie-Jeanne PHLIPON, Madame), l'inspiratrice du parti girondin, une des plus nobles figures de la Révolution, auteur de *Mémoires*, n. 1754, décapitée le 8 novembre 1793.

L. a. à Bosc; 17 janvier 1787, 2 p. in-8.

Curieuse lettre, d'un tour aimable. Elle le prie de prendre au sérieux les reproches qu'elle adresse sérieusement. « Quand je vous appelois le ministre de mes vengeances en vous chargeant de faire passer ma lettre, vous aviés le droit de rire avec votre ami, que je favorisois de ma colère : maintenant que je lui parle raison vous n'avés rien à dire, car les femmes en ont une à elles, et une façon de la traiter que les hommes n'entendent guere. »

**967. ROLAND** (Marie-Jeanne PHILIPON, Madame).

Fragment d'une lettre aut. ; 4 p. pleines in-8.

La lettre est incomplète du commencement et de la fin. Elle paraît écrite de Suisse et Madame Roland y transcrit ses impressions sur Berne et sur les mœurs de la bourgeoisie bernoise.

**968. ARRESTATION DE MADAME ROLAND.**

P. s. par GUIARD et BÉTRÉMIEUX, inspecteurs de police, PAILLARD et JACOB, commissaires de la section des Mathurins ; 24 juin 1793, 2 p. in-folio, tête et vignette imprimées.

CURIEUX DOCUMENT! C'est le procès-verbal de l'arrestation de Madame Roland chez le citoyen Cauchois. Les commissaires de la section des Mathurins, chargés de veiller à la sûreté des personnes, ayant fait des difficultés sur la régularité du mandat d'arrêt, Madame Roland fut transférée à l'Hôtel de Ville où les administrateurs de police Louvet et Jobert levèrent les difficultés et firent incarcérer Madame Roland.

**969. ROUGET DE LISLE** (Claude-Joseph), l'illustre auteur de la *Marseillaise*, n. à Lons-le-Saunier, 1760, m. 1836.

*Roland à Roncevaux*, Strasbourg, mai 1792, manuscrit aut., 4 p. in-folio.

Superbe pièce. A la fin de chaque strophe reviennent les deux vers célèbres
« Mourons pour la Patrie !
« C'est le sort le plus beau, le plus digne d'envie.

**970. STAËL-HOLSTEIN** (Anne-Louise-Germaine NECKER), l'illustre auteur de *Corinne* et des *Considérations sur* *Révolution française*, n. 1760, m. 1817.

1° P. s. ; Paris, 2 thermidor an V (20 juillet 1797), 1 p. in-4.

Elle demande, en qualité de fondée de pouvoir de son père, l'envoi en possession et jouissance provisoire des biens, meubles et immeubles qu'il possédait dans l'étendue du département de le Seine.

2° Billet aut. sig. à BARRAS ; Saint-Ouen, prairial, 1/2 p. in-8.

Curieux billet ainsi conçu : « Rien au monde ne pourrait m'empêcher d'aller dîner chez vous le 22, mon cher Barras, et quelques lignes de votre main m'ont causé le plus sensible plaisir. »

**971. TALMA** (François), le grand tragédien, n. 1763, m. 1826.

P. s. ; Paris, 2° jour du 5° mois de la seconde année de la République française (21 janvier 1794), 1 p. in-folio.

CURIEUX DOCUMENT. C'est la déclaration des biens possédés par Talma ; ils consistaient en une maison sise rue Chantereine, 6, estimée 2750 livres, une autre maison rue du Mont-Blanc, 18, estimée 2709 livres et une autre, même rue, n° 21, estimée 1950 livres et en 3448 livres de rentes viagères.

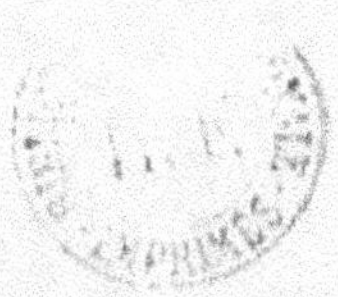

# CURIOSITÉS

### 972. ÉCHARPE DE CAMILLE DESMOULINS.

Écharpe tricolore en soie, ayant appartenu à Camille Desmoulins. Cette pièce provient de Matton, dépositaire des papiers de C. Desmoulins. L'écharpe a 2 m. 50 de longueur. (*Coll. du baron de Girardot*).

### 973. LUCILE DESMOULINS.

Petit sac de soie verte, en forme de réticule. La soie est garnie de paillettes métalliques ; au fond du sac se trouve une petite boîte en carton. Ce souvenir vient de chez Matton ; il a appartenu au baron de Girardot.

### 974. COCARDE DE CONVENTIONNEL.

Cocarde tricolore, ayant appartenu au conventionnel Esnue-Lavallée. (*Coll. du baron de Girardot*).

### 975. INSIGNE RÉVOLUTIONNAIRE.

Insigne carré, divisé en 4 parties triangulaires, dont deux sont dissemblables. L'une porte, brodé en fil de métal, le bonnet et le mot *Liberté* ; l'autre une fleur de lys avec le mot *Constitution*.

### 976.

Sous ce numéro on vendra une liasse d'autographes et de documents non catalogués.

VENDOME

IMPRIMERIE F. EMPAYTAZ

VENDOME

IMPRIMERIE F. EMPAYTAZ